列车检修工

（上册）

主　编　祁国俊

副主编　卢剑鸿

主　审　王治根

重庆大学出版社

内容提要

本书以国内地铁车辆为基础,介绍城轨车辆方向专业以及列车检修人员应具备的基本技能。本书共分3个章节:项目1主要讲述列车检修工通用知识,从职业描述、作业安全、修程修制、常用工器具、城轨车辆方位及电客车工艺设备等方面,介绍列车检修工须掌握的基本技能;项目2以初级工应具备的知识为出发点,从机械基础、电气基础和车辆知识出发,介绍国内地铁车辆概况,以及地铁车辆部件原理;项目3以中级工应具备的知识为出发点,从机械及电气部件原理和故障分析、车辆专业理论知识及实操技能,介绍解决城轨车辆的一般机械或电气故障的根本思路。

通过对列车检修工(上册)的学习,学习者可从零基础开始渐进学习,掌握地铁车辆知识。本书可作为中、高等职业院校及成人高等学校轨道车辆方向、机车车辆方向等相关专业的教学用书,也可作为本科院校城轨方向专业的实践选修课教材。

图书在版编目(CIP)数据

列车检修工. 上册 / 祁国俊主编. -- 重庆:重庆
大学出版社,2020.5
高等职业教育城市轨道交通专业规划教材
ISBN 978-7-5689-2087-2

Ⅰ. ①列… Ⅱ. ①祁… Ⅲ. ①城市铁路—轨道交通—
列车—车辆检修—高等职业教育—教材 Ⅳ. ①U239.5

中国版本图书馆 CIP 数据核字(2020)第 062909 号

列车检修工
(上册)

主 编 祁国俊
副主编 卢剑鸿
主 审 王治根
策划编辑:周 立

责任编辑:周 立 版式设计:周 立
责任校对:谢 芳 责任印制:张 策

*

重庆大学出版社出版发行
出版人:饶帮华
社址:重庆市沙坪坝区大学城西路21号
邮编:401331
电话:(023)88617190 88617185(中小学)
传真:(023)88617186 88617166
网址:http://www.cqup.com.cn
邮箱:fxk@ cqup.com.cn(营销中心)
全国新华书店经销
重庆俊蒲印务有限公司印刷

*

开本:787mm×1092mm 1/16 印张:10.5 字数:258 千
2020 年 5 月第 1 版 2020 年 5 月第 1 次印刷
印数:1—3 000
ISBN 978-7-5689-2087-2 定价:42.50 元

地铁车辆在整个地铁系统诸设备中占据着重要的地位，是地铁系统中最关键、最复杂的设备，它是多专业综合性的产品，涉及机械、电气、控制、材料等多个领域。

本书共3个项目，内容涵盖通用知识、初级工理论知识及实操技能、中级工理论知识及实操技能，主要介绍城轨车辆知识概述、修程修制、安全及通用知识、机械及电气基础知识、车辆故障分析等内容。

为适应轨道交通行业的快速发展，使所学内容与现场技术发展同步，本书在编写过程中力求体现以下特点：

①反映当前车辆状态和水平，内容结合当下主流产品，将当前实际运用的系统和技术与本书相结合；

②介绍了城轨车辆的通用知识、机械电气基础知识；

③介绍了部件存在的典型问题原理、故障分析；

④介绍了有关方面应用的先进技术。

本书由祁国俊担任主编，卢剑鸿担任副主编，参与编写的人员有张兴宝、胡立本、席艳丽、董俊、钟声、武莹、张月秀、贺延芳、缪静、苏园园、李朔、郑耀东、李飞、孙斌、李欣欣、许鹏飞、李庆阳、贺浩、牟文博、王伟、夏国强、张晨、赵京博、赵宝锋、戴文昌、王嘉伟；王治根担任主审，参与审核的有李乐、李彦武、郭永锋、孙韬、李涛、樊磊、袁艳萍。

由于编者水平有限，本书在内容和编排上尚有不足之处，敬请读者批评指正。

编　者
2020 年 1 月

MULU 目 录

项目 1 通用知识 ·· 1
　　任务 1.1 职业描述 ·· 1
　　任务 1.2 车辆检修作业安全注意事项 ······································ 3
　　任务 1.3 城轨车辆修程修制简介 ·· 10
　　任务 1.4 常用工器具的使用 ·· 14
　　任务 1.5 城轨车辆方位的定义 ··· 29
　　任务 1.6 电客车工艺设备概述 ··· 30
　　任务 1.7 防松线 ··· 34
　　复习思考题 ·· 40

项目 2 初级工理论知识及实操技能 ·· 41
　　任务 2.1 机械基础 ·· 41
　　任务 2.2 电气基础 ·· 48
　　任务 2.3 车辆知识概述 ·· 57
　　复习思考题 ·· 63

项目 3 中级工理论知识及实操技能 ·· 64
　　任务 3.1 机械部件原理及故障分析 ··· 64
　　任务 3.2 电气部件原理及故障分析 ··· 67
　　任务 3.3 车辆专业理论知识及实操技能 ··································· 88
　　复习思考题 ··· 157

参考文献 ··· 159

项目1　通用知识

任务 1.1　职业描述

1.1.1　职业定义

职业是指从事地铁车辆日检、隔日检、均衡修、年检等计划性维修以及地铁车辆应急故障处理的人员。

1.1.2　职业等级

本职业共设 5 个等级,分别为初级(国家职业资格五级)、中级(国家职业资格四级)、高级(国家职业资格三级)、技师(国家职业资格二级)、高级技师(国家职业资格一级)。

1.1.3　职业能力特征

具有较强的机械操作能力和电气设备测量、测绘及仪器仪表操作能力;具有应对应急故障和突发事件的响应能力;具有获取和理解外界信息的能力,语言表达能力,对事物的分析和判断能力以及良好的沟通协调能力;具有空间想象及一般计算能力;手指、手臂灵活,动作协调性好,身体健康。

1.1.4　职业环境与健康

1)职业环境
列车检修工的工作分为高空作业、地沟作业和密闭空间作业,有时也处于高温、潮湿、有噪声的环境中。

2)职业健康
职业健康是对工作场所内产生或存在的职业性有害因素及其健康损害进行识别、评估、预测和控制,目的是预防和保护劳动者免受职业性有害因素的影响和危害,使工作适应劳动者,促进和保障劳动者在职业活动中的身心健康和社会福利。

3)职业病及危害因素

职业病是指职工在生产环境中由于接触工业毒物、不良气象条件、生物因素、不合理的劳动组织以及恶劣卫生条件等职业性毒害而引起的疾病。神经衰弱是地铁检修人员尤其是倒班人员常见的职业病，这种职业病常导致生物钟失衡，精神压力增大。

从事年检吹尘工作相关的检修作业人员的职业病危害因素主要分为两种：噪声和其他粉尘，可能导致的职业病危害包括职业性噪声聋和尘肺病。职业病防护措施主要有戴防噪耳塞、机械通风、中央通风除尘系统和戴防尘口罩。

1.1.5 职业技能清单

以下简述列车检修工职业技能清单所具备的能力要求，见表1.1。

表1.1 列车检修工职业技能清单

技能等级	具备能力
初级	1. 掌握机械基础知识，会画线、认识各类螺栓、操作简单工器具 2. 掌握电气基础知识、万用表的使用，会对继电器、接触器等进行区分 3. 掌握电客车车辆概述，能认识各系统备品备件 4. 掌握电客车各级修程作业指导书 5. 掌握电客车各级修程的实操技能 6. 常见故障的查找及常用数据的下载
中级	1. 掌握初级工所有知识点范围 2. 掌握电客车各系统基本原理及作用 3. 掌握电客车电路原理图及气路原理图 4. 掌握各类故障应急预案，能使用救援设备开展救援 5. 掌握各类故障数据的下载方法 6. 掌握电客车应急故障处理指南 7. 能发现并处理较复杂的电客车故障 8. 熟练掌握各类工器具的使用
高级	1. 掌握中级工所有的知识点范围 2. 能结合日常作业提出建议，参与修订编写作业指导书、检修规程 3. 能参与故障调查、数据分析 4. 能参与编制应急故障处理指南 5. 能参与修订编制各类故障应急预案，熟练操作救援设备 6. 能了解信号专业、供电专业相关知识
技师	1. 掌握高级工所有的知识点范围 2. 掌握电客车主要系统部件的详细维护要求 3. 能对故障进行技术分析、撰写故障处理报告 4. 能对典型故障能进行预判和分析研究 5. 掌握电客车主要部件使用寿命

技能等级	具备能力
高级技师	1. 掌握技师所有的知识点范围 2. 能指导其他人员、具备培训授课能力 3. 了解大架修作业项目及工艺 4. 了解信号专业、供电专业常见的故障现象及原因

任务 1.2　车辆检修作业安全注意事项

要进行车辆检修作业必须经过相关的专业和安全培训,并通过考核合格获得上岗资格的人员。为确保车辆检修现场作业的人身及设备安全,必须遵守国家、省、市的有关法律、法规及公司相关规程、安全制度,同时结合现场检修作业的特点和(西安地铁)实际情况,需遵循车辆检修作业安全注意事项。

1.2.1　现场作业安全卡控原则

为确保车辆检修作业安全,现场作业时必须执行以下 6 项卡控原则。

1)作业审批原则

作业必须凭单作业。未经检修调度批准严禁入场作业,严禁对列车进行检修作业,严禁擅自扩大作业范围。

2)劳保穿戴原则

作业人员进入库区必须佩戴安全帽。工作前必须按规定正确穿戴好防护用品。下地沟作业时应戴安全帽,上车顶作业时应戴安全帽、系安全带,安全帽系好帽带,安全带高挂低用;进行车门检修作业时,如在无平台一侧,则必须佩戴安全带;禁止穿拖鞋、高跟鞋、硬底鞋进行作业。

3)安全号志插设原则

库内作业须执行挂牌制度,并执行"谁作业谁插设、谁插设谁摘除"的原则。在进行检修作业或车辆静态试验时,应在列车两端分别挂上"禁止动车"牌或"红闪灯"用于作业防护。登车顶作业时确认作业股道接触网断电,接地线已悬挂方可登车顶作业。进入车上无电作业时,须在两端司控台设"禁止升弓"牌,作业人员在撤除告示牌时要确认车辆状态、人员出清。当需绝对禁止带电作业时,除在两端司控台设"禁止升弓"牌;检修人员还应将列车中所有蓄电池箱中的断路器断开,检修完毕后复位。

4)作业负责原则

生产作业本着"谁作业、谁申请、谁负责作业安全、谁恢复、谁销点"的原则进行,作业完毕后,作业负责人须保证车辆恢复原始状态,如遇特殊情况对车辆状态进行了改变,则必须在销点时注明,并通知检修调度。

5）持证上岗原则

作业人员须持有相关上岗证或操作证。禁止非专业人员擅自进行维修。禁止实习人员单独进行车辆检修工作。

6）自我防护原则

员工作业期间须注意自身防护,注意防滑、防碰、防摔,须以安全的方式上下车辆、穿越地沟,不得从车辆直接跳跃至地面,不得从非检修车下部穿越,不得以跳跃方式越过地沟。员工在进行车辆和设备维修期间,应遵守作业指导书和各种安全规定,并注意作业场所安全警示标识。

1.2.2　关键作业安全卡控措施

车辆检修相关作业包含的关键作业有电客车供断电作业要求、登车作业要求、进厂作业要求、消防安全、高压作业安全、高空作业安全、应急安全等。为保证作业的安全,每项作业均规定了不同的作业要求,具体如下:

1）电客车供断电作业要求

①库内电客车进行检修、试验等作业需供电时,由作业班组工长安排专人(不少于两人)负责供电。

②作业前,供电人员须先向检修调度提出入场作业清点申请。

③检修调度须确认无其他作业人员对供电列车进行非供电作业,并同意签字后,供电人员领取电客车钥匙。

④到达现场后,供电人员须再次对列车下部及两侧进行检查确认无人。及时清理现场人员,避免电击造成人身伤害。

⑤供电人员上车后,在升弓供电前,须确认列车负载已全部关闭,任何人员不得提前进行作业。

⑥进行电客车下部作业时,在接触网有电的情况下,须先对电客车上人员进行清理,确认车上无人、受电弓已降下、防溜已设置,方可开始断电作业。

⑦电客车供电作业结束后,原则上应由原供电人员负责断电。

⑧断电作业前,断电作业人员须仔细确认车上其他人员全部作业完毕且不再需要电源作业。若有其他项目作业仍需继续用电,则由该项作业人员在作业完毕后负责断电,并与前一项作业人员办理电客车钥匙的交接。

⑨供电作业完毕,须对车辆状态进行确认,包括受电弓状态、蓄电池电压、列车 ATI(列车车辆屏)状态。

⑩断电作业前需确认列车所有负载已全部关闭。鸣笛,按下降弓按钮,降弓完成后关闭钥匙,关闭列车蓄电池。

⑪电客车升、降弓之前必须先鸣笛。当受电弓升起或接上外接电源时,严禁进行无电检修作业;禁止打开 HB(高速断路器)箱、主逆变器箱、辅助逆变器箱、辅助供电设备箱等高压设备进行检修作业。

2）登车作业要求

①作业负责人进行请点。经检修调度同意签字后，填写"登车作业申请单"和"钥匙借用登记表"，领取登车作业所需的钥匙登车作业。

②由作业人员向检修调度领取"禁止动车"牌，须填写"禁止动车牌（A）、禁止升弓牌（B）、禁止合闸牌（C）登记表"，并负责设置和收回。

③作业完毕后，必须出清现场并关好车门，作业负责人向检修调度销点，归还钥匙和无电牌。车辆检修完或中途暂停无人作业时应关好客室门并锁好司机室侧门。

④进行开关车门前，须使用车内广播进行告知，广播后3 s才可以操作开关门按钮。

⑤在检查维修制动系统、受电弓、脚踏泵、转向架等由压缩空气供给能量的系统时，必须先排空系统压缩空气。

⑥车辆检修人员不得动用非车辆部管理的车载设备。

3）进厂作业要求

①在进库作业前，作业部门、作业负责人需到DCC（渭河车辆段检修库、喷漆库作业需到大修车间生产调度）办理进库作业手续，并填写"进场作业申请单"，经DCC检修调度或大修车间调度批准后，进行相关作业。

②如属于影响行车类的施工，作业负责人需先在信号楼施工系统登记请点后，或手持已批准的《施工作业令》，检调可在施工系统查询具体作业记录核实请点情况，或通过调度台询问信号楼该项作业批点情况，确认批点后方可批准进场作业。

③对于外单位进库施工作业，配合部门应安排配合人员与作业负责人共同到DCC（渭河车辆段检修库、喷漆库作业需到大修车间生产调度）办理进库手续，DCC当值调度或大修车间生产调度应确认配合人员到位。如配合人员不到位，DCC当值调度或大修车间生产调度不得批准请点。

④对于设有保安管理的库内作业，作业审批完毕后，将"进场作业申请单"放在进库保安处进行登记，登记后方可入库进行相关作业。作业负责人离开库区首先到保安处进行销单，再到DCC检修调度处进行销单。如属于影响行车类的施工，作业负责人先到DCC检修调度（检修库、喷漆库作业需到车辆大修调度）进行销点归还钥匙和号志牌后，再到信号楼进行销点。

⑤作业完成后，作业负责人要做到活完场地清，并恢复设备的状态。

4）消防安全

为了加强和规范机关团体、企业、事业单位的消防安全管理，预防火灾，消灭火灾隐患，最大限度地减少火灾事故给地铁运输、安全生产、生命财产造成的损失，依照《中华人民共和国消防法》《机关、团体、企业、事业单位消防安全管理规定》和《人员密集场所消防安全管理》（GA 654—2006）等法律、法规、标准文件要求，结合地铁的实际情况，特明确以下要求及规范。

地铁消防安全工作必须贯彻"预防为主、防消结合"的方针，坚持消防安全管理部门与群众相结合的原则，实行"谁使用、谁管理"的逐级消防安全责任制，各部门、消防安全重点场所的负责人是所管辖区域的消防安全责任人，对本部门、消防安全重点场所及消防安全工作负全面责任。

（1）消防安全重点部位

容易发生火灾或一旦发生火灾可能严重危及人身和财产安全以及对消防安全有重大影响的部位确定为消防安全重点部位。

场段消防安全重点部位：运用库、检修库、牵混所、联合车库、信号楼内通信设备房、信号设备房、物资总库、杂品库、消防控制室、食堂厨房等。

（2）消防设备设施

消防设备设施包括火灾自动报警系统（FAS）、气体灭火系统、自动喷淋系统、IBP盘（综合后备控制盘）、室外及区间消火栓、水泵接合器、疏散导向、防火门、防火卷帘、挡烟垂帘、电源线路护管及开关、防排烟系统、给排水系统等。

（3）消防装备

消防装备包括消防头盔、消防战斗服、消防手套、消防腰带、消防靴、发光导向线、消防板斧、消防腰斧、毛巾、直流喷雾水枪、防火毯、爆防手电筒、空气呼吸器、灭火器、过滤式自救呼吸器（XHZLC60）等用于火灾情况下的个人防护用品。

（4）消防器材

室内消火栓（包括消防水带、水枪头、自救式软盘、出水阀门、消火栓箱等）、过滤式自救呼吸器（XHZLC40）、灭火器及灭火器箱等。

（5）消防安全教育与培训

属地部门（分部、车间）负责组织新进人员，介绍岗位职责、设备情况，使新员工熟悉部门或消防安全重点场所及部位的灭火和应急疏散现场处置以及本部门消防器材的分布，掌握常用扑救方法。

车站或班组组织新员工培训，使新员工熟悉本岗位安全操作规程和周围消防器材的分布，掌握常用扑救方法。

消防安全责任人、消防安全管理人员、消防控制室值班人员、车站车控室人员及消防设备设施维修等与消防安全工作相关人员应接受消防部门的培训，消防控制室值班人员、车站车控室人员、FAS及气体灭火系统维修人员必须取得自动消防设备操作证后方可上岗。

（6）消防安全管理

①消防安全责任区域管理。依据"谁使用，谁管理"划分原则。

车辆维修部门消防安全责任区域：车辆段及停车场所属车辆检修库、运用库、联合车库、洗车库、吹扫库、蓄电池间等；电客车、内燃机车、网轨检测车等车辆；车站值班用房；车辆专业辅助生产房间、办公或值班场所（走廊）及边跨等。

②消防安全防火巡查管理。

巡查周期：主变电所、控制中心大楼及场段消防安全重点部位属地管理部门人员应每班进行一次防火巡查。

巡查内容：

a.用火、用电是否有违章情况。

b.安全出口、应急疏散通道是否畅通。

c.常闭式防火门是否处于关闭状态，防火卷帘门下方是否堆放物品影响使用。

d.应急照明、安全疏散指示标志状态是否良好、指示方向是否正确。

e. 消防设备设施和消防安全标志是否在位、完整。

f. 消防安全重点部位人员在岗情况。

g. 其他消防安全情况。

（7）消防装备及器材管理

各属地管理人员至少每月对所管辖范围内的消防装备及器材进行一次检查，每季度进行清洁维护。

（8）消防装备检查内容

按照《消防装备检查表》中所列检查要求，确认数量是否正确，状态是否良好；在消防装备柜上张贴《消防装备检查表》；在每月 20—25 日进行检查，检查完后做好记录。

（9）消防装备及器材检查标准

干粉灭火器：是否在有效期内（合格证生产日期 5 年有效、钢瓶日期 10 年报废、维修日期两年有效）、气压指示是否正常（"未处于红色区域"）。

消火栓：各部件状态是否良好，阀门能否正常开启，开启后是否有水。

任何部门和个人无权擅自损坏、挪移、拆除、停用、迁移、圈占、埋压消防装备及器材，严禁将消防装备及器材用于与消防无关的行为。严禁在室内消火栓箱上或箱内存放与消防工作无关的任何物品，必须使之处在随时可用、完好状态。

（10）消防工作奖励

在消防安全工作中有以下贡献的部门和个人，经分公司安全委员会研究后，给予表彰奖励。

①及时组织扑救火灾或积极支援邻近单位扑救火灾，避免重大损失，有显著贡献的。

②积极扑救火灾，抢救公共财产和人民生命财产，表现突出的。

③及时发现和消除重大火灾隐患，避免火灾发生，成绩突出的。

④对查明火灾原因及在消防安全工作其他方面作出显著贡献的。

（11）消防工作惩罚

有违反下列消防安全工作的管理者，经分公司安全委员会研究，对责任部门及相关责任人纳入安全问题考核。

①擅自动用消防装备、器材、设备设施、水源或故意涂抹、损坏消防安全标志、灭火器材失效，将消防器材、设施挪作他用的。

②值班和看守人员擅离职守或失职的。

③违章作业、冒险蛮干或指使他人违章作业、冒险蛮干尚未造成严重后果的。

④在禁止烟火场所吸烟、玩火、燃放烟花爆竹，过失造成火灾事故，情节较轻的。

⑤机动车辆进入仓库、易燃易爆场所未按规定佩戴防火罩或对此疏于管理的。

⑥生产、储存、运输和使用易燃易爆危险品不符合防火、防爆安全规定的。

⑦汽车在运输危险货物中违章受理、集配、存放、装卸、编挂或未按规定监装监卸的。

⑧未经公安消防监督机构批准，随意搭建临时建筑，危及消防安全的。

⑨私接乱拉电线路，违章使用电炉其他电器用具，安装超过额定容量的保险丝（管），或使用其他金属丝代替保险丝不符合规定的。

⑩电器设备接触不良，用电线路老化及在禁止明火处所使用不符合防火防爆要求的电器设备。

⑪易燃易爆场所等消防重点部位无消防安全制度,无火灾应急预案,各项消防措施不落实的。

⑫发生火灾后不报警、不积极组织扑救,致使火势蔓延扩大损失的。

5)高压作业安全

(1)隔离开关操作要求

①隔离开关操作人员严禁单人进行作业,一人负责操作,一人负责监护。作业人员都必须经过理论和实操培训,考试合格后取得资格证,方可进行本岗位工作。

②操作人员须穿戴好高压绝缘手套和绝缘靴,穿戴之前要进行气密性和有效期检查。

③操作人员和受令人员在操作过程中须按规范用语进行呼唤应答。

④作业过程中,作业人员应按照"接触网断送电作业申请单——五防系统"上的指导步骤进行操作,每完成一步都需在申请表上进行打钩确认。

⑤监护人负责对整个操作过程进行监控,并设置好作业现场的安全防护。负责对断送电作业全过程人员规范操作、安全防护及现场安全进行跟踪监控,防止接地线的错挂、漏挂、错撤和漏撤。

⑥隔离开关五防系统钥匙由检修调度保管。作业人员填写完成的"接触网断送电作业申请单",统一交检修调度保存1年。

⑦外单位(部门)施工需接触网断送电时,应由检修调度向当班班组下达作业计划,由班组安排操作人员配合打开隔离开关箱监控其作业。

⑧严禁擅自操作隔离开关。在雷雨天气和雷电天气,禁止操作隔离开关。接触网供电操作前,可播放接触网供电(断电)安全广播,提醒现场作业人员注意安全。

(2)静调电源柜操作要求

①静调电源柜操作人员严禁单人进行作业,一人负责操作,一人负责监护。作业人员都必须经过理论和实操培训,考试合格后取得资格证,方可进行本岗位的工作。

②操作人员须穿戴好高压绝缘手套和绝缘靴,穿戴之前要进行气密性和有效期检查。

③操作人员和受令人员在操作过程中须按规范用语进行呼唤应答。

④操作静调电源柜前到检调申请静调电源柜送电作业,须填写"静调电源柜供电作业申请单",静调电源柜使用完毕后到检调申请静调电源柜断电作业,须填写"静调电源柜断电作业申请单"。

⑤检修调度将打印好的作业票(或签字批准的"静调电源柜供电作业申请单")及五防电脑钥匙交作业人员,作业人员需对作业票进行逐项确认(有疑问必须问清楚)。

⑥操作时必须降受电弓,关闭蓄电池,方可将静调电源柜电缆插头连接到列车车间电源箱插座,确认牢靠。

⑦静调电源柜工作时需在周围设好防护,并在静调电源柜处悬挂"正在工作"指示牌。

⑧任务全部操作结束后,作业人员返回检修调度,将五防电脑钥匙和填写好的作业票交回检修调度处,检修调度将五防电脑钥匙插回适配器,在五防软件中,按工具条上的"回传"按钮进行销票,将钥匙插回充电座充电。操作票由检修调度存档。

6)高空作业安全

(1)登车顶作业

①作业人员需进行车顶作业时,由作业人员在检修调度处办理车顶作业请点,领取车

顶检修平台钥匙。如需同时进行隔离开关断电操作,可与隔离开关断电请点、领取钥匙同时进行。

②检修调度负责审核并批准车顶作业申请。车顶作业必须在接触网无电状态下进行。未经批准,严禁上车顶作业,禁止翻越车顶检修平台;不得使用移动扶梯上车顶。

③车顶作业前,作业班组工长或安全员须先在现场确认该股道接触网隔离开关已断开,接触网地线已挂好。

④作业申请人用检修平台钥匙打开车顶检修平台门,将检修平台挂锁在固定位置锁闭,并撤除"禁止登顶"标志牌,悬挂"禁止合闸"牌。

⑤车顶作业时,原则上只使用并开启车顶检修平台的一端平台门,登车顶作业必须系好安全带,安全带高挂低用。作业人员从该门登车顶,并从该门下车顶。

⑥车顶作业期间,作业班组应设专人负责在检修平台入口进行卡控,严禁未经批准人员登上检修平台,严禁登顶人数超出请点批准人数。

⑦车顶作业完毕后,由作业班组工长或安全员负责确认检修平台上已无人,工具、材料已出清。

⑧由作业申请人锁闭检修平台,并在检修平台入口处,撤除"禁止合闸"牌,设置"禁止登顶"标志牌。而后在检修调度处办理车顶作业销点,归还车顶检修平台钥匙。

(2)库内登高作业

①在库内进行 2 m 及以上作业,均属登高作业。如不涉及电客车作业,应按进库作业办理相关手续,作业负责人在检修调度处办理进库作业的同时应阐明登高作业要求。

②检修调度在审批登高作业申请时。须确认登高作业范围内接触网状态:登高作业如在股道中间,则所在股道的接触网须无电;如登高作业在股道之间或侧墙处,在(两侧)临近股道的接触网须无电。确保登高作业区域须与带电接触网之间有不小于 1 m 的安全距离。未经检修调度批准,严禁登高作业。

③如属于影响行车类的施工登高作业,作业负责人需先在信号楼施工系统登记请点后,或手持已批准的《施工作业令》,检调可在施工系统查询具体作业记录核实请点情况,或通过调度台询问信号楼该项作业批点情况,确认批点后方可批准进场作业。

④检调批准库内施工作业时向作业负责人强调安全注意事项,安排属地配合人员在进厂单签字,告知配合人员属地作业范围及作业内容和注意事项,发现违章作业立即制止。

7)应急安全

各部门要按照分公司规定,结合生产实际,将应急培训纳入分公司、部门的年度培训计划中,不断提高员工应急知识水平和应急处置能力。应急培训可采用集中学习、观摩演示、实操培训等多种形式。

(1)应急队伍的构成

各生产部门管理及技术人员、一线生产班组员工,既是完成生产任务的主体,也是当值期间本专业应急抢险处置的主体,以上岗位所有员工自然组成各专业应急抢险队。

(2)应急队伍日常训练

①各专业应急抢险队应定期组织开展应急处置能力训练,纳入年度培训计划中。

②应急处置能力训练的内容主要包括体能训练、设备操作能力训练、故障处理能力训

练、消防处置能力训练和应急指挥能力训练等。各级应急队伍的日常训练应做好记录,包括文字记录和影像记录,并归档保存,保存时间不少于 3 年。

(3)应急演练

①分公司级应急预案演练:由安全管理部门组织,相关部门参加的应急预案演练,每季度不少于 1 次。分公司级应急预案演练应主要针对分公司综合应急预案和专项应急预案。

②部门级应急预案演练:由各部门自行组织,相关部门或车间配合的应急预案演练,每季度不少于 1 次。部门级应急预案演练应主要针对部门级应急预案。

③车间级应急预案演练:由各车间自行组织,相关部门或车间配合的应急预案演练,每月不少于 1 次。车间级应急预案演练应主要针对车间级应急预案和现场处置方案。

④班组级应急预案演练:由各班组自行组织开展的应急预案演练,原则上每月不少于两次,其中实战演练不少于 1 次,演练要覆盖班组全体员工。班组级应急预案演练应主要针对现场处置方案。

(4)电客车应急救援

在应急响应过程中,为了有效控制事故,防止事故扩大或恶化,最大限度地降低事故造成的损失或危害而采取的救援措施或行动。

①对于正线发生的、司机能够按《电客车故障应急处理指南》的指导在运营时刻表中规定的站停时间内处理的故障及其他不影响电客车按运营图正常运行的可携带上线故障,且由行调安排继续运营或正线换车。检修调度在接到 OCC 反馈信息后,应立即通知就近驻站人员赶赴故障电客车。必要时通知技术人员赶往该电客车,以及时掌握故障和电客车状态及处理故障。同时,通过信息发布设备,向各级管理人员、技术人员、停车场检修调度和相关工班长发布正线故障信息。

②正线故障电客车故障处理时间原则上为 6 分。OCC 发出准备救援命令。检修调度确认救援信息后,应立即确定救援电客车车号、救援位置后,通知就近驻站人员和技术人员赶赴故障电客车,以掌握故障和电客车状态及协助救援工作。同时,通过信息发布设备,向各级管理人员、技术人员和相关工班长发布正线故障信息。备用电客车启用后,应及时调整检修生产,尽快停止或完成维修作业,补充备用电客车的不足。

③检修调度确认救援信息后,检修调度立即通知救援队(由当值运用工班承担救援队,质保期内含供货商售后服务人员)、救援汽车司机准备救援,同时发布救援命令,通知各级管理人员和技术人员,对故障电客车进行救援处理;救援人员迅速集合赶赴现场对故障电客车进行故障处理;质保期内含供货商售后服务人员;同时反馈 OCC。

任务 1.3　城轨车辆修程修制简介

随着城市轨道交通行业的日益发展,车辆维修任务和规模也日益庞大。由于使用要求的不断提高,城轨车辆维修工作必须建立在现代科学技术的基础之上,并在先进理论指导下进行。现代科技的新成就,特别是新兴科学技术理论与方法,诸如系统工程、计算机及电子学、可靠性工程等学科的发展和应用,促进了维修工程理论的研究和发展,已经形成了一门新的学科。

1.3.1　车辆维修理论简介

维修理论是随着维修实践的发展和需要而发展起来的。维修理论的发展进程大致可分为 4 个阶段,即事后维修阶段、以磨损理论为基础的计划预防维修阶段、以监测与诊断技术为依据的状态维修阶段和以可靠性为中心的维修阶段。这 4 个阶段不是截然分开的,它们相互重叠、彼此联系。

（1）事后维修阶段

这个阶段大致从出现技术装备开始到 20 世纪 40 年代中期。当时装备比较简单,机械化程度不高,可通过眼看、耳听、手摸等直观判断来发现和排除故障。由于生产率低,装备停运时的影响也不是很大,而且当时大多数装备的设计安全余量很大,使用比较可靠,不易发生故障。因此,一般采用事后维修的方式,装备不坏不修,坏了再修,日常除了简单的清扫、润滑等维护工作以外,很少进行系统维修,只是凭经验来排除故障。此阶段的维修领域中没有系统的工程维修理论,只有一些相关的维修概念。

（2）计划预防维修阶段

这个阶段是以磨损理论为基础的,时间大概从 20 世纪 40 年代中期到 60 年代中期。此阶段的技术装备基本上属于机械装备,因此装备出现的故障大多数是磨损类型的机械故障,装备的可靠性是随工作时间的增加而下降。随着生产力的发展,事后维修的思想发生了明显的变化。到了 20 世纪 50 年代,这种机械化程度高的装备数量更多、更复杂,生产力大为提高。随着生产对这些装备依赖性的增加,停机就变成了至关重要的问题。为了预防故障发生,逐渐形成了计划预防性维修的概念,也就是在装备机件磨损到限之前,按照时间计划对装备进行分解检查及更换修理。这种维修与事后维修相比,在防止故障、减少停时、提高效益等方面有较大的优越性,因此相继被各国采用,成为技术装备维修中占统治地位的手段。我国工业从第一个五年计划开始也引进了这种维修体系。城市轨道交通车辆架大修也不例外,绝大部分都采用这种计划预防维修的维修体制。

（3）状态维修阶段

计划预防维修存在两个方面的不足:一是设备存在潜在的不安全因素计划维修时间,就必须检修,耗费检修时间而不能及时排除隐患;二是虽然设备状态良好,但检修存在很大的盲目性,造成人力、物力的浪费,检修效果也不好。

20 世纪 60 年代,状态维修理论应运而生,最初应用于航空航天系统,后来应用于核电站和发电厂的设备维修。

状态维修是指根据先进的状态监测和诊断技术提供的设备状态信息,判断设备异常,预知设备故障,在故障发生前进行检修的方式。只要设备运行参数在规定的状态限界值以内,就一律不检修。当运行参数超出规定的状态限界值时,按照规定工艺进行检修,使其恢复到规定的状态值内后再继续运行。设备达到有效使用寿命期,则予以更换。状态维修在确保设备安全运行的前提下,充分发挥设备质量的内在潜力,利用其本身的可靠性,发挥其使用价值,做到不失修、不提前修、不欠修,把检修工作量降到最低限度。

实行状态维修必须大力采用新技术、新设备、新材料和新工艺,提高设备的可靠性和使用寿命,同时要实现检测方法现代化,制订合理的监测周期,准确掌握运行参数的动态,使设备始终处于受控状态。要确定设备的安全运行状态值及其限界值,并要逐步确定各设备和零部件的工作寿命。状态维修的管理方式为限值管理和寿命管理,它是设备逐步实现维修现代化管理体制的基础,也是当前城市轨道交通车辆架大修努力的方向。

(4)可靠性维修阶段

以可靠性为中心的维修理论是在传统的计划预防维修和状态维修理论的基础上发展起来的。在维修实践中发现,并不是维修越勤、修理范围越大就越能减少故障,技术装备的可靠性是由设计制造决定的,有效的维修只能保持其固有的可靠性。对于复杂技术装备,多数只有早期故障期和偶然故障期,而没有耗损故障期,也就是说,复杂装备的可靠性与时间无关。因此,定期计划维修对于许多故障是无效的。

国际上,以可靠性为中心的维修这一系统工程方法,目前主要运用在航空航天系统。它的基本目标是以最少的资源消耗保持航空器的可靠性和安全性。为达到这一目的,需要应用逻辑决断的方法确定航空器及设备预防性维修需求,并力求使方案达到最优。其基本做法:对航空器各个系统进行功能与故障分析,明确系统故障后果,用规范化的逻辑决断程序,确定各故障后果的预防性对策,以最小的维修停机损失和最小的维修资源消耗为目标,优化航空器路及各系统的维修策略。

可见,以可靠性为中心的维修项目具有很强的针对性,避免了"多维修、多保养、多多益善"和"故障后再维修"的传统维修思想的影响。城市轨道交通车辆维修可借鉴、吸收这方面的先进理念和经验,逐步探索出适用于城轨车辆架大修的可靠性维修方法。

1.3.2 车辆维修类别

我国城市轨道交通车辆的检修制度基本沿用的是国内铁路车辆检修的经验,现行颁布实施的《地铁设计规范》(GB 50157—2013)中的许多概念仍沿用铁路车辆的概念。在现行城轨车辆段和停车场的设计和规划中,城轨车辆绝大部分仍采用日常维护和定期检修相结合的检修制度,即预防性计划维修制度。

1)日常维护(日检、周检、月检等)

日检、周检的检修作业范围主要是对受电弓、空调机组、走行部、牵引电机、控制装置、各种电气装置、空气制动装置、车钩缓冲装置、车门、车体、贯通道、车灯、蓄电池组、乘客服务界面等部件进行外观检查,对危及行车安全的故障进行重点修理。

月检的检修作业范围主要是对受电弓、空调机组、走行部、牵引电机、控制装置、各种电气装置、空气制动装置、车钩缓冲装置、车门、车体、贯通道、车灯、蓄电池组、乘客服务界面等部件的技术状态和作用进行检查及必要的性能试验,对危及行车安全的故障进行重点修理。

2)定修(半年检、年检)

定修的检修作业范围主要是卸下蓄电池组等部件,对其技术状态和作用进行检查和修理,并进行必要的试验;对计量仪表进行校验;对转向架、轮对、牵引电机进行检查和修理,静调和试车,达到定修标准。

3）专项修

因车辆某主要系统部件运行公里数或运行时间无法与整车维修匹配的，对该系统/部件在某一时段集中进行检查、修理和试验，以确保车辆符合运营工况的检修，称为专项修。

4）均衡修

基于状态修研究的均衡修，即状态修与均衡修相结合的检修制度，既克服了定期修资源浪费、成本高的问题，又解决了状态修监控技术要求高、难以开展的问题。

均衡修是利用列车停运天窗时间，将车辆检修内容分散在几个时段和几个不同场合进行，使检修工作分散而均匀。均衡修适用于运用维修。采用均衡修既能保证列车运行的可靠性、提高列车投运率，又能降低车辆维修成本。均衡修具有两大特点：一是在车辆设计研制和生产阶段应明确影响运行的关键性部件和关键性功能，从而对运行维护提出合理建议，加强车辆维护保养中的针对性，避免不必要的预防性检修作业，降低维护成本；二是均匀分配维修工作量，实行分散式修理和均衡维护，将车辆检修停留时间控制在停运时段，从而缩短车辆停修时间，提高出车率，减小检修设施规模，充分发挥设备能力，降低运营成本。

5）全效修

从城轨车辆维修的角度上来说，全效修是一种应用相当广泛、自身体系相对比较成熟的维修工作模式。在全效修的维修工作模式作用下，指在定义城轨车辆年度总维修量维持恒定状态的情况下，将原本意义上计划检修所涉及的作业内容进行划分，形成多个维修工作流程。在全效修的维修工作模式下，传统意义上的集中式检修得到了分散处理，形成了以月度或其他标准划分的分散式检修，在这种检修模式在下，能够有效利用城轨车辆运营高峰回库的窗口时间，通过对时间等各方资源的综合应用，圆满完成维修作业。通过实施全效修维修模式的方式，还能够使城轨车辆所对应的整个维修工作体系更加全方位与高效率。

在全效修的维修模式下，将检修对象自城轨车辆转换为城轨车辆相关的设备、零部件。同时，在检修时间方面，不需要城轨车辆单独进行集中停运检修，而是充分利用在城轨车辆运营高峰回库下的窗口时间，实现了检修工作时段以及检修场合的分散处理，检查后需要进行更换或维修的零部件可以通过互换修的工作模式加以解决，使有关城轨车辆的维修工作能够同时兼顾分散性与均衡性的特点。

6）架修

车辆运行公里数或运行时间达到各线规定值时，对车辆重要部件进行分解、清洗、检查、探伤、修理，并对车辆进行全面检测、调试及试验，以恢复整备车车辆综合性能，达到规程要求和质量验收标准的检修，称为架修。

7）大修

车辆在运行公里数或运行时间达到各线规定值时，对车辆进行全面的分解、清洗、检查、探伤和整修的综合修理，并对车辆进行全面检测、调试及试验，以恢复车辆原设计标准，或在原技术等级范围内局部改善，达到规程要求和质量验收标准的检修，称为大修。

8）半寿命修

根据车辆全寿命运用周期，在运行公里数或运行时间达到半寿命规定值时，对车辆进行完全解体、车体结构焊缝和所有受力部件无损检测，对整车所有系统进行全面清洗、检查和综合修理，并对车辆关键技术升级改造，进行全面检测、调试及试验，以确保车辆满足全寿命周期使用要求的检修,称为半寿命修。目前城市轨道交通车辆设计寿命一般为30年,通过适当的半寿命修有助于延长车辆的使用寿命。

任务 1.4　常用工器具的使用

1.4.1　游标卡尺的结构及使用

1)基本组成及工作原理

游标卡尺有公制和英制两种。游标卡尺可以测量产品的内外尺寸(长度、宽度、厚度、内径和外径)、孔距、高度和深度等。

游标卡尺根据其结构可分单面卡尺、双面卡尺、三用卡尺等。

①单面卡尺带有内外量爪,可以测量内侧尺寸和外侧尺寸,如图1.1所示。

②双面卡尺的上量爪为刀口形外量爪,下量爪为内外量爪,可测内外尺寸,如图1.2所示。

③三用卡尺的内量爪带刀口形,用于测量内尺寸;外量爪带平面和刀口形的测量面,用于测量外尺寸;尺身背面带有深度尺,用于测量深度和高度,如图1.3所示。

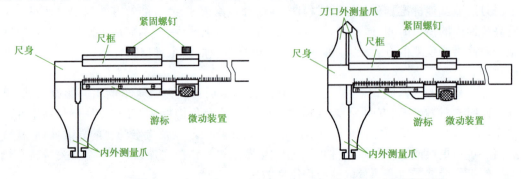

图1.1　单面卡尺　　　　　　　　　　图1.2　双面卡尺

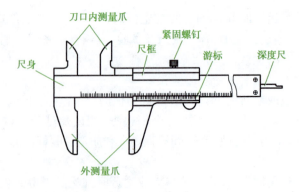

图1.3　三用卡尺

2）游标卡尺的使用方法及注意事项

（1）游标卡尺的使用方法

为了掌握游标卡尺的正确使用方法，必须学会准确读数和正确操作。游标卡尺的读数装置是由尺身和游标两部分组成的，当尺框上的活动测量爪与尺身上的固定测量爪贴合时，尺框上游标的"0"刻线（简称"游标零线"）与尺身的"0"刻线对齐，此时测量爪之间的距离为零。测量时，需要尺框向右移动到某一位置，这时活动测量爪与固定测量爪之间的距离就是被测尺寸，如图 1.4 所示。假如游标零线与尺身上表示 30 mm 的刻线正好对齐，则说明被测尺寸是 30 mm；如果游标零线在尺身上指示的尺数值比 30 mm 大一点，应怎样读数呢？ 这时，被测尺寸的整数部分（为 30 mm），如上所述可知，从游标零线左边的尺身刻线上读出来（图中箭头所指刻线），而比 1 mm 小的小数部分则是借助游标读出来的（图中 • 所指刻线为 0.7 mm），二者之和被测尺寸是 30.7 mm，这是游标测量器具的共同特点。由此可见，游标卡尺的读数，关键在于小数部分的读数。

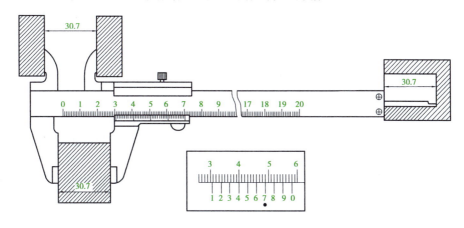

图 1.4　游标卡尺测量尺寸

游标的小数部分读数方法，首先是看游标的哪一条线与尺身刻线对齐；然后把游标这条线的顺序数乘以游标读数值，就得出游标的读数，即

游标的读数 ＝游标读数值×游标对齐刻线的顺序数

游标卡尺读数时可分为三步：

①先读整数：看游标零线的左边，尺身上最靠近的一条刻线的数值，读出被测尺寸的整数部分。

②再读小数：看游标零线的右边，数出游标第几条刻线与尺身的数值刻线对齐，读出被测尺寸的小数部分（即游标读数值乘其对齐刻线的顺序数）。

③得出被测尺寸：把上面两次读数的整数部分和小数部分相加，就是卡尺的所测尺寸。

（2）注意事项

①在卡尺上读取数值时，应把卡尺拿平朝向亮光，使视线尽可能地和尺上所读的刻线垂直，以免因视线歪斜造成读数的误差，为了减小误差，最好在零件的同一位置上多测几次，取它的平均读数值。

②测量零件外部尺寸时,先把零件放置在两个张开的外量爪内,贴靠在固定外量爪上,然后用轻微的压力将活动量爪推过去,当两个量爪的测量面与零件紧靠时,即可由卡尺上读出零件的尺寸。

③在测量零件内部尺寸时,要使两个内量爪的测量刃口距离小于所测量的孔或槽的尺寸,然后慢慢地使活动量爪向外分开,当两个测量刃口都与零件表面相接触后,须把制动螺钉拧紧再取出卡尺,读取数值。

④在测量零件外径、孔径或沟槽时,量爪要放正,不能歪斜。应在垂直于零件轴线的平面内进行测量,否则测量就不准确。

⑤用大卡尺测量大零件时,须用两手拿住卡尺。

⑥当用游标卡尺来校准卡钳的测量尺寸时,应先将游标尺按所需的尺寸定位。然后把游标卡尺平放在手掌里,再调准卡钳。

⑦如果用带有测深杆的游标卡尺测量零件深度时,卡尺要与零件空(或槽)的顶平面保持垂直,在向下移动量爪,使深度尺和孔(或槽)底部轻轻接触,然后拧紧制动螺钉,取出卡尺读取数值。

⑧测量前应把卡尺擦拭干净,检查卡尺的两个测量面和测量刃口是否平直无损,把两个量爪紧密贴合时,应无明显间隙,同时游标和主尺的零位刻线要相互对准,这个过程称为校对游标卡尺的零位。

⑨移动尺框时,活动要自如,不应有过松或过紧,更不能有晃动现象。用固定螺钉固定尺框时,卡尺的读数不应有所改变。在移动尺框时,不要忘记松开固定螺钉,也不宜过松以免掉了。

⑩当测量零件的外尺寸时:卡尺两测量面的连线应垂直于被测量表面,不能歪斜。测量时,可轻轻摇动卡尺,放正垂直位置,如图1.5所示。否则,量爪若在如图1.5所示的错误位置上,将使测量结果 a 比实际尺寸 b 要大;先把卡尺的活动量爪张开,使量爪能自由地卡进工件,把零件贴靠在固定量爪上,然后移动尺框,用轻微的压力使活动量爪接触零件。如卡尺带有微动装置,此时可拧紧微动装置上的固定螺钉,再转动调节螺母,使量爪接触零件并读取尺寸。绝不能把卡尺的两个量爪调节到接近甚至小于所测尺寸,把卡尺强制卡到零件上去。这样做会使量爪变形,或使测量面过早磨损,使卡尺失去应有的精度。

⑪在游标上读数时,避免视线误差。

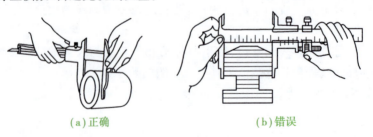

(a)正确　　　　　　　　　　(b)错误

图1.5　测量外尺寸时正确与错误的位置

1.4.2 第四种检查器

1)基本组成及工作原理

LLJ-4D 型车辆车轮第四种检查器(以下简称"检查器")用于测量各种型号车辆车轮踏面圆周磨耗、轮缘厚度、轮缘高度、轮辋厚度、轮辋宽度、轮缘垂直磨耗、踏面擦伤深度和长度、踏面剥离深度和长度、车轮碾宽等参数。检查器主要由尺身、轮缘高度及踏面磨耗测尺、轮缘厚度测尺、垂直磨耗测尺、轮辋宽度测尺、碾宽测量刻线、定位角铁、定位销、踏面磨耗及轮缘高度测尺锁紧螺钉、轮辋宽度测尺锁紧螺钉、轮缘厚度测尺锁紧螺钉、轮辋宽度测尺尺框、轮辋厚度测尺等组成,如图 1.6 所示。

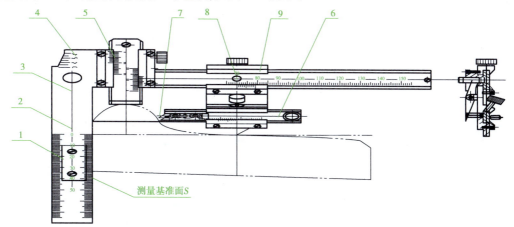

测量基准面S

1—定位角铁;2—轮辋厚度、踏面剥离、擦伤长度测量刻线;
3—主尺尺身;4—碾宽测量刻线;5—轮缘高度及踏面磨耗测量尺;
6—轮缘厚度测尺;7—垂直磨耗测量尺;8—定位销;9—轮辋宽测量尺

图 1.6 车辆车轮第四种检查器

车辆车轮第四种检查器的主要技术指标,见表 1.2。

表 1.2 主要技术指标

型 号	测量范围/mm		分度值/mm	示值误差/mm
LLJ-4D	踏面磨耗	0~10	0.1	不大于±0.1
	轮缘高度	21~39		
	轮缘厚度	20~35		
	轮辋宽度	70~145		
	踏面擦伤深度	0~6		
	踏面剥离深度	0~6		

续表

型　号	测量范围/mm		分度值/mm	示值误差/mm
LLJ-4D	踏面擦伤及剥离长度	0～90	1	不大于±0.2
	轮辋厚度	0～90		
	碾宽	3～6	0.5	

2)操作使用方法

（1）测量踏面圆周磨耗及轮缘高度（图1.7）

①移动轮辋宽度测尺尺框,使定位销落入销孔内,然后锁紧其锁紧螺钉。

②将定位角铁与车轮内侧面密贴,并使轮辋宽度测头与车轮踏面接触。

③推动踏面磨耗测尺使其测量面与车轮轮缘接触,以左边游标读取踏面磨耗值,从右边游标读取轮缘高度值。

（2）测量轮缘厚度及垂直磨耗（图1.8）

①同测量踏面圆周磨耗及轮缘高度的步骤1和步骤2。

②推动轮缘厚度测尺使其测量头与轮缘接触,从游标中读取轮缘厚度值。

③推动垂直磨耗测尺使其测量头与轮缘接触,如果轮缘厚度测尺上的"0"刻线与垂直磨耗测尺的"0"刻线对齐,则说明轮缘垂直磨耗到限了。

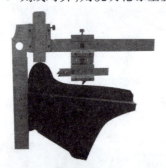 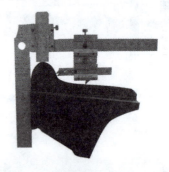

图1.7　测量踏面圆周磨耗及轮缘高度　　　图1.8　测量轮缘厚度及垂直磨耗

（3）测量轮辋宽度（图1.9）

同踏面圆周磨耗及轮缘高度测量步骤1和步骤2,读取轮辋厚度测尺刻线中与轮辋内侧边缘对齐的数值,该数值即为轮辋厚度。

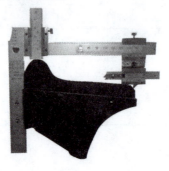

图1.9　测量轮辋宽度

推动轮辋宽度测尺尺框,使其测量头与车轮外侧面贴靠,从游标中读取轮辋宽度值。如果踏面有碾宽,应减去碾宽值。

(4)测量踏面擦伤深度

①移动轮辋宽度测尺尺框,使其测头落入擦伤最深处,测量此处轮缘高度值记作 h_1。

②测量同一圆周,未擦伤处,轮缘高度值记作 h_2,擦伤深度为 $h_1 - h_2$ 的差值。

(5)测量踏面擦伤长度

用检查器的轮辋厚度测尺的外刻线,沿车轮圆周方向测量擦伤部位的长度。

(6)测量踏面剥离深度

测量方法同踏面擦伤深度的测量。

(7)测量踏面剥离长度

测量方法同踏面擦伤长度的测量。

(8)测量车轮碾宽(图1.10)

将尺身垂直外边贴紧轮辋外侧面,用碾宽测量刻线测量碾宽,读取碾宽最宽处所对应刻线的数值,即为车轮碾宽值。

图1.10　测量车轮碾宽

(9)检验方法

按照《铁路机车、车辆车轮检查器检定规程》(JJG 171—2001)进行检定。

(10)使用注意事项与保养

①在使用和搬运过程中,应避免对各部件的剧烈摔碰,以免损坏和变形。

②使用后,应擦拭油污等放回包装盒内存放。

1.4.3　轮径尺的机构及使用

1)基本组成及工作原理

轮径尺分为固定式测量尺、便携式轮径尺(机械指针、数字指针),目前国内地铁普遍采用便携式轮径尺(机械指针)作为车辆轮径测量专用工具。

图1.11用于机车车辆轮径测量的GF系列轮径测量仪(传动比1:10),由构架、测量块、侧头、锁紧螺钉、指示表和磁性定位架组成。

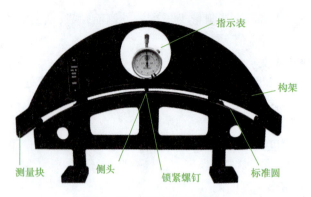

图 1.11 轮径测量仪组成

2)轮径尺的使用方法及注意事项

（1）使用方法

①校对方法：机械指示表读数方式"零位"。拧紧指示表测头和测量仪测头，以免校对"零位"或测量时测头松动带来测量误差；在测量仪上装上指示表；将测量仪放置在标准圆上，保证两测量块均与标准圆弧面接触良好，定位架与标准圆定位端面密贴，然后通过上下移动指示表，将指示表读数调整为标准圆直径值。

②测量轮径。测量时，两手握住测量仪两端的构架部位，放置在被测车轮上，使定位架与车轮内侧面靠紧（因为有磁性，只要一接触就能保证密贴），两手轻轻压一压，至两测量块均与车轮踏面接触到位，这时即可从指示表中读出直径值。

③指示表操作及读数方法。图 1.12 指示表中短指针指示的是 10 mm 以上的数，长指针指示的是 10 mm 以下的数，分度值为 0.1 mm，可估读到 0.01 mm。图 1.12 读数为853.10 mm。

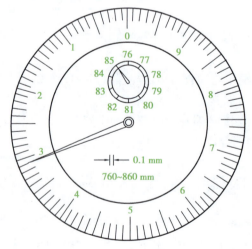

图 1.12　指示表度数

（2）轮径尺的保养与使用注意事项

①使用过程中，应防止对各部件的剧烈摔碰，以免损坏和变形。

②两测量块是测量仪的关键部位，不得拆动，以免影响测量准确度。

③标准圆使用后要涂机油，以防生锈。长时间不用时，侧头、测量块应涂机油。

1.4.4　钩高尺的构成及使用方法

1)基本组成及工作原理

钩高尺主要用于测量机车车辆、城轨车辆两端车钩的高度。测量机车车辆、城轨车辆车钩高度的工具分为钩高尺、简易测量工具(水平仪、铅垂、水平尺、卷尺)。西安地铁主要采用钩高尺对城轨车辆车钩进行测量。

钩高尺产品(图1.13)采用高碳钢或不锈钢制造,主要由游框、竖尺(主尺)、尺爪、主尺量程、水平支座(横尺)、折叠机构等组成。

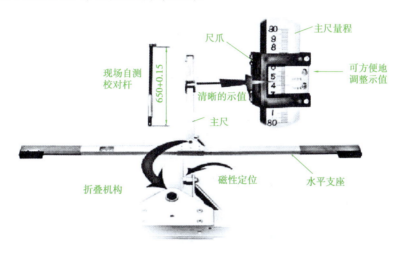

图 1.13　钩高尺结构示意图

2)钩高尺的使用方法及注意事项

(1)使用方法

将钩高尺折叠打开,钩舌为锁闭状态,抬起竖尺将横尺垂直搭在钩舌前面钢轨上,并与钩舌垂直靠平。向上抬起游框,测角顶住钩舌底面,则游标对准竖尺刻线上,进行数值读取。城轨车辆根据车型不一样分为A型电客车、B型电客车,A、B型车辆的半自动车钩高度分别为720 mm(正12、负0)、660 mm(正12、负0)。图1.14的数值读取为660 mm + 4 mm = 664 mm,在正常范围内。

图 1.14　钩高尺读数

（2）注意事项

①不得私自拆装或乱扔乱放钩高尺。

②使用时不能用大力压住水平支座。

③不能将钩高尺浸于液体中（如油、水等）。

④用完千分尺后，用柔软无毛的布擦干净尺身及测量面，放入存放盒中保管。

⑤如果在校验有效期内，钩高尺被损坏或出现明显测量不准确的，必须立即送质检部计量室处理。

1.4.5 万用表的机构及使用

1)基本组成及工作原理

万用表又称为多用表、三用表、复用表。万用表分为指针式万用表和数字万用表。它是一种多功能、多量程的测量仪表，一般万用表可测量直流电流、直流电压、交流电流、交流电压、电阻和音频电平等，有的还可测交流电流、电容量、电感量及半导体、温度的一些参数。目前，国内城轨单位大多数采用进口多功能万用表。

（1）多功能万用表的构造

如图1.15、表1.3多功能万用表可测量直流电流、直流电压、交流电流、交流电压、电阻、电容、频率、温度等；并且其以数字显示读数，使用起来更加方便。万用表由表头、液晶显示屏、表笔连接及转换开关等主要部分组成。

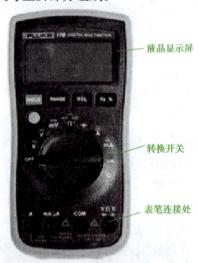

液晶显示屏

转换开关

表笔连接处

图1.15 多功能万用表

表1.3 万用表明细

符 号	说 明	符 号	说 明
～	AC（交流电）	≋	交流电或直流电
⎓	DC（直流电）	⚠	安全须知

符　号	说　　　明	符　号	说　　　明
⊞	电池	▣	双重绝缘
⊣▷⊢	二极管	⚠	电击危险
CAT Ⅱ	IEC CAT Ⅱ设备用于防止受到由固定装置提供电源的耗能设备，例如电视机、计算机、便携工具及其他家用电器所产生的瞬变损害	CE	符合欧盟的相关法令
⊠	请勿将本品作为未分类的城市废弃物处理	⊣⊢	电容
⏚	接地	CAT Ⅲ	IEC CAT Ⅲ设备的设计能使设备承受固定安装设备内，如配电盘、馈线和短分支电路及大型建筑中的防雷设施产生的瞬态高压
 ▭▭	保险丝		

（2）多功能万用表注意事项

①在使用电表前，应认真阅读有关使用说明书，熟悉旋转开关、按钮、插孔的作用（表1.4、表1.5）。请检查机壳，切勿使用已损坏的电表。

表1.4　万用表各旋钮功能

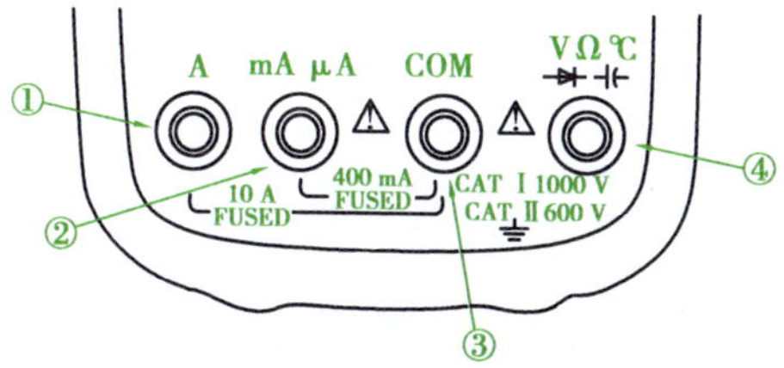

编号	说　　　明
①	用于交流电和直流电电流测量（最高可测量10 A）和频率测量（仅限17 B）的输入端子
②	用于交流电和直流电的微安以及毫安测量（最高可测量400 mA）和频率测量（仅限17 B）的输入端子
③	适用于所有测量的公共（返回）接线端
④	用于电压、电阻、通断性、二极管、电容、频率（仅限17 B）和温度（以 F LUKE 17B 为例）测量的输入端子

表 1.5　万用表功能说明

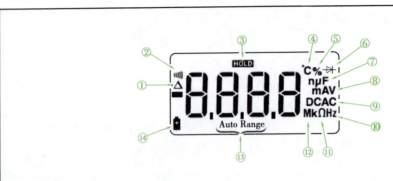

编　号	说　明
①	已激活相对模式
②	已选中通断性
③	已启用数据保持
④	已选中温度
⑤	已选中占空比
⑥	已选中二极管测试
⑦	F—电容点位法拉第
⑧	A,V—安培或伏特
⑨	DC,AC—直流或交流电压或电流
⑩	Hz—已选频率
⑪	Ω—已选欧姆
⑫	m,M,k—十进制前缀
⑬	已选中自动量程
⑭	电池电量不足,应立即更换

　　②检查测试表笔的绝缘是否损坏或表笔金属是否裸露在外。检查测试表笔是否导通。请在使用电表之前更换已被损坏的测试表笔。

　　③用电表测量已知的电压,确定电表操作正常。请勿使用工作异常的电表。仪表的保护措施可能已经失效。若有疑问,应将仪表送修。

　　④请勿在连接端子之间或任何端子和地之间施加高于仪表额定值的电压。

　　⑤对 30 V 交流(有效值),42 V 交流(峰值)或 60 V 直流以上的电压应格外小心,这些电压有电击危险。

　　⑥测量时请选择合适的接线端子、功能和量程。

　　⑦请勿在有爆炸性气体、蒸汽或粉尘环境中使用电表。

　　⑧使用测试探针时,手指应保持在保护装置的后面。

　　⑨进行连接时,先连接公共测试表笔,再连接带电的测试表笔;切断连接时,则先断开

带电的测试表笔,再断开公共测试表笔。

⑩测试电阻、通断性、二极管或电容器之前,应先切断电路的电源并将所有高压电容器放电。

⑪对于所有功能,包括手动或自动量程,为了避免因读数不当导致电击风险,首先使用交流功能来验证是否有交流电压存在。然后,选择等于或大于交流量程的直流电压。

⑫将旋转开关旋至 OFF 位置为关机。

⑬基本测量:根据需要拨到相应位置。交直流电压的测量:可直接显示混合信号的主流分量和交流分量,将表笔插入相应的插孔。

⑭其他功能的测量温度,二极管筛选,温度,频率,占空比,快速脉冲,逻辑分析,趋势绘图,谐波分析,通断性,电导,电容的测量均可实现。

⑮电流插孔是为了测量电流,不用时禁止使用本插孔,否则万用表将可能被烧毁。

⑯万用表量程是自动量程,如果想使用规定量程,请按量程选择键。

⑰当插错插孔时,万用表有报警。使用趋势绘图、逻辑分析、谐波分析等功能时,请查看量程选择和旋转开关位置。

2)多功能万用表的使用

(1)测量交流和直流电压(图 1.16)

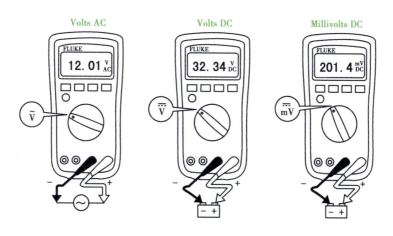

图 1.16　测量交流和直流电压

为了最大限度地减少交流或交直流混合电压部件内的未知电压读数错误,应首先选择电表上的交流电压功能,同时记下产生正确测量结果所在的交流量程。然后,手动选择直流电压功能,使直流量程等于或高于前面的交流量程。该过程可最大限度地降低交流瞬变所带来的影响,确保准确直流测量。

①调节旋钮至 $\tilde{V}$, $\overline{V}$ 或 $\overline{mA}$ 以选择交流或直流。

②将红表笔连接至 $\overset{V\Omega\ ℃}{\rightarrow\vdash}$ 端子,黑表笔连接至 COM 端子。

③用探针接触想要的电路测试点,测量电压。

④阅读显示屏上测出的电压。

⑤只能通过手动量程才能调至 400 量程。

（2）测量交流或直流电流（图1.17）

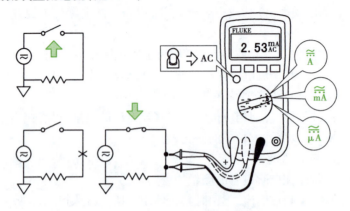

图1.17　测量交流或直流电流

①调节旋钮至 $\widetilde{\overline{A}}$, $\widetilde{\overline{mA}}$ 或 $\widetilde{\overline{\mu A}}$。

②按下"黄色"按钮，在交流或直流电流测量间切换。

③根据要测量的电流将红表笔连接至 A 或 mA，μA 端子，并将黑表笔连接至 COM 端子。

④断开待测的电路路径，然后将测试表笔衔接断口并施用电源。

⑤阅读显示屏上的测出电流。

（3）测量电阻（图1.18）

图1.18　测量电阻/通断性

在测量电阻或电路的通断性时，为避免受到电击或损坏电表，请确保电路的电源已关闭，并将所有电容器放电。

①将旋转开关转至 $\stackrel{\text{·}}{\Omega}$))) ，确保已切断待测电路的电源。

②将红表笔连接至 $\stackrel{V\Omega^{\circ}C}{\downarrow}$ 端子，黑表笔连接至 COM 端子。

③将探针接触想要的电路测试点，测量电阻。

④阅读显示屏上的测出电阻。

（4）测试通断性

选择电阻模式，按下"黄色"按钮两次，以激活通断性蜂鸣器。请确保电路的电源已关闭，并将所有电容器放电。

将两只表笔分别接入要测量的电路两端 A 点与 B 点，如果 A、B 点是接通的，则会有蜂鸣器提示音,而且液晶屏有数值显示。如果电表读数为 $\textbf{0L}$,则电路断路,如图 1.18 所示。

(5)测试二极管(图1.18)

在测量电路二极管时,为避免受到电击或损坏电表,请确保电路的电源已关闭,并将所有电容器放电。

①将旋转开关转至 $\overset{\rightarrow\!|\!|\!|}{\Omega}$ 。

②按"黄色"功能按钮一次,启动二极管测试。

③将红表笔连接至 $\overset{V\,\Omega\,℃}{\rightarrow\!\!+}$ 端子,黑表笔连接至 COM 端子。

④将红色探针接到待测的二极管的阳极而黑色探针接到阴极。

⑤读取显示屏上的正向偏压。

⑥如果表笔极性与二极管极性相反,显示读数为 $\textbf{0L}$。这可以用来区分二极管的阳极和阴极。

(6)测量电容

为避免损坏电表,在测量电容前,请断开电路电源并将所有高压电容器放电。

①将旋转开关转至 $+\!|\!-$ 。

②将红表笔连接至 $\overset{V\,\Omega\,℃}{\rightarrow\!\!+}$ 端子,黑表笔连接至 COM 端子。

③将探针接触电容器引脚。

④读数稳定后(最多 15 s),读取显示屏所显示的电容值。

(7)测量温度

①将旋转开关转至 ℃ 。

②将热电偶插入电表的 $\overset{V\,\Omega\,℃}{\rightarrow\!\!+}$ 和 COM 端子,确保标记有"＋"符号的热电偶塞插入电表的 $\overset{V\,\Omega\,℃}{\rightarrow\!\!+}$ 端子。

③阅读显示屏上显示为摄氏温度。

3)多功能万用表的维护保养

①定期用湿布和温和的清洁剂清洁仪表的外壳,不要使用腐蚀剂或溶剂。

②定期清洁端子,否则会影响读数。

③定期更换万用表上的电池。

1.4.6 扭力扳手的机构及使用

1)基本组成及工作原理

扭矩扳手也称为扭力扳手,力矩就是力和距离的乘积,在紧固螺丝螺栓螺母等螺纹紧固件时需要控制施加的力矩大小,以保证螺纹紧固且不至于因力矩过大破坏螺纹,所以用扭矩扳手来操作。首先设定好一个需要的扭矩值上限,当施加的扭矩达到设定值时,扳手会发出"咔嗒"声响或者扳手连接处折弯一点角度,这就代表已经紧固不要再加力了。扭力扳手可分为预置式扭力扳手、数显扭力扳手、MINI 型扭力扳手、定值扭力扳手、表盘扭力扳手。

2)使用方法及注意事项

(1)使用方法

扭矩扳手(扭力扳手)发出"咔嗒"声音的原理很简单,可分为以下几个步骤去理解:

①扭矩扳手发出"咔嗒"声后是提示已达到要求的扭矩值。

②扭矩扳手所发出的"咔嗒"声是由内部的扭矩释放结构产生的,其结构由压力弹簧、扭矩释放关节、扭矩顶杆3部分组成。

③首先在扭矩扳手上设定所需扭矩值(由弹簧套在顶杆上向扭矩释放关节施压),锁定扭矩扳手,开始拧紧螺栓。当螺栓达到扭矩值(当使用扭力大于弹簧的压力)后,会产生瞬间脱节效应。在产生脱节效应的瞬间发出关节敲击,扳手金属外壳所发出的"咔嗒"声。由此来确认达到扭矩值的提醒作用,其实就像手臂关节成15°弯曲放在铁管里瞬间伸直后会碰到钢管的原理一样(图1.19)。以上所述是最常用的手动扭力扳手,除此之外,还有电动扭力扳手、风动扭力扳手等。

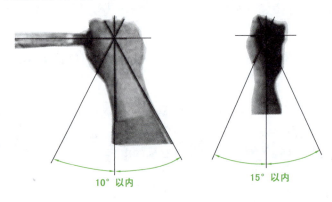

10° 以内   15° 以内

图1.19 扭力扳手操作示意图

(2)注意事项

①在扭力扳手的使用中,首先要根据测量工件的要求,选取适中量程的扭力扳手,所测扭力值不可小于扭力器在使用中量程的20%,太大的量程不宜用于小扭力部件的加固,小量程的扭力器更不可超量程使用。

②在使用扭力扳手时,先将扳手方榫连接好辅助配件(如套筒),确保连接已经没问题。在加固扭力之前,设定好需要加固的力值,并锁好紧锁装置,调整好方向转换钮到加力的方向,然后在使用时先快速连续操作5~6次,使扳手内部组件上特殊润滑剂能充分润滑,使扭力扳手更精确,持久使用。

③测量时,手要握住把手的有效范围,沿垂直于扭力扳手壳体方向,慢慢加力,直至听到扭力扳手发出"咔嗒"声,此时扭力扳手已到达预置扭力值,工件已加力完毕,然后应及时解除作用力,以免损坏另外的部件。在施力过程中,按照国家标准仪器操作规范,其垂直度偏差左右不应超过10°。其水平方向上下偏差不应超过3°,操作人员在使用过程中应保证其上下左右施力范围均不超过15°。

④为了不使测量结果因水平和垂直方向上的偏差而产生影响,在测量时,应在加力把持端上施加一个垂直向下的稳定力值,然后再手动加力,这样使用值就更精准。

⑤扭力扳手的读数:如果是带显示屏的力仪器,直接读取指针所指示的数据为测量数

据值;如果是套筒加副刻度指示器,应先读取主刻度上的刻度值,再加副刻度或微分筒上的刻度值之和为测量数据值。

⑥扭力扳手是测量工具,应轻拿轻放,不能代替榔头敲打,不用时请注意将扭力设为最小值,存放在干燥处。扭力扳手应用范围较广,在加固扭力时,相对来讲比较简单,只需设定其要求扭力值便可进行操作。

任务 1.5　城轨车辆方位的定义

1.5.1　电客车方位定义的意义

城轨车辆的前后、左右方向是一个接近对称的结构,在对称轴上或在对称部位上有许多结构相同或相近的零部件。设置车辆方位就像数学上给定坐标系一样,便于设计、制造、检修、运用中确定同类型零部件在车辆中的位置。同时便于城轨车辆的运用管理和检修工作,满足标准化管理的需要。

1.5.2　电客车方位定义的原则

车辆的方位一般以制动缸活塞杆推出的方向为第一位,相反的方向为第二位,并在车上规定的部位涂刷上方位标志。车辆同形零部件定位规则如下:当人面对车辆的一位端站立时,对排列在纵向对称轴上的构件可由一位端顺序向二位端编号。如转向架、轮对等均可按此编号。对分布在对称轴左右的构件,则左侧为基数,右侧为偶数,顺序从一位端向二位端编号,如立柱、车窗、构架等均可按此编号。下面以西安地铁车辆方位为例:

①西安地铁车辆以两头 Tc 车为基准,以前三节车为一组,后三节为一组,在每一组中,靠近司机室的为一位端,远离司机室的为二位端。车辆方位定义具体如图 1.20 所示。

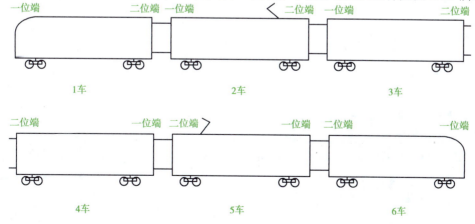

图 1.20　车辆方位示意图

②客室内侧位定义:以前三节为一组,后三节为一组。在每一组中,站在列车外,面向司机室正面,左手侧记为一位侧,右手侧记为二位侧。

③车门编号原则如下:沿每节车辆的一位侧车门用奇数编号,即每节车一位侧车门分别为1,3,5,7号门;沿每节车辆的二位侧车门用偶数编号,即每节车二位侧车门分别为2,4,6,8号门。每个车门的左、右门扇的定义为:人面对门板内侧,左手为A门扇,右手为B门扇。

④对横向贯通件,从一位端到二位端依次用阿拉伯数字命名;对非贯通件,从一位端一位侧起到二位端二位侧至依次用阿拉伯数字命名,一位侧为奇数,二位侧为偶数。

⑤以Tc车为例,对车门、车轮和车轴进行编号,如图1.21所示。

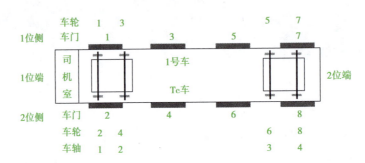

图1.21　Tc车各部件编号方案

如图1.21所示,司机室为一位端,另一端为二位端,站在列车外,面向司机室正面,左侧为一位侧,右侧为二位侧,红色表示车门,绿色表示车轮、蓝色表示车轴,其中车门和车轮均属于非贯通件,从一位端一位侧起到二位端二位侧至依次用阿拉伯数字命名,一位侧为奇数,二位侧为偶数,车门编号一位侧分别为1,3,5,7号门,二位侧分别为2,4,6,8号门,车轮编号一位侧分别为1,3,5,7号轮,二位侧分别为2,4,6,8号轮,车轴因属于横向贯通件,故采用从一位端到二位端依次用阿拉伯数字命名,即编号分别为1,2,3,4号。

任务1.6　电客车工艺设备概述

1.6.1　车辆检修通用设备

车辆检修通用设备一般指车辆段车辆检修使用的一般类通用设备,这类设备种类多、通用性强、涉及生产厂家多、选择范围广。

车辆检修通用设备一般包括以下设备项目:空压机类、金属机床设备、电气焊设备、钳工设备、起重机、汽车、叉车、搬运车、静调/周检月检电源设备、充放电设备、稳压电源、工务设备、通用机械类等。

1.6.2 车辆大架修设备

车辆大架修设备一般指车辆段车辆进行大架修所使用的专业设备。其主要配合完成城轨车辆的大架修作业。

大修：对车辆各部件和系统包括车体在内进行全面的分解、检查及整修，结合技术改造对部分系统进行全面更换，对车辆各系统进行全面检测、调试及试验。

架修：对车辆的重要部件，特别是转向架及轮对、电机、电器、空调机组、车钩缓冲器装置、制动系统等进行分解、清洗、检查、探伤、修理、更换报废零部件。对电子部件进行清洗及测试。对蓄电池进行清洗及充放电作业。对车辆各系统进行全面检测、调试及试验。

1）大架修设备分类及主要设备项目

大架修设备一般分为以下几类：

专用工艺装备：车辆轮廓限界检测装置、线路设备限界检测装置、工艺转向架、转向架提升台、移动式液压升降平台、移动式车钩架托机、转向架转盘、轮对转盘、移动式作业平台、移动式车体支座、单柱式校正液压机、吊具（转向架/空调/受电弓）等。

仪器仪表及电器/电子检测设备：静调仪器仪表、月检库检测设备、接地兆欧表、示波器、单双臂两用电桥速度表及传感器试验台、压力表及传感器试验台、转速传感器试验台、电量传感器试验台、仪表检测及试验设备、主断路器试验装置、电器开关元件综合试验台、司机控制器试验台、电子检修综合试验台、移动式耐压试验台、电热鼓风干燥箱、电热干燥箱。

大架修包括以下设备项目：空压机类、金属机床设备、电气焊设备、钳工设备、起重机、汽车、叉车、搬运车、静调/周检月检电源设备、充放电设备、稳压电源、工务设备、通用机械类等。

清洗设备：车下吹扫设备、高压喷射清洗机、构架清洗机、轮对清洗机、轴箱清洗机、轴承清洗机、超声波清洗机。

转向架检修/检测设备：构架探伤设备、轮对探伤设备、轴承探伤设备、轴箱拆装机、轴箱压装机、退轮高压油装置、轮对压装机、构架检测平台及专用工装、转向架静载试验机、轴承检测仪器设备、轴承检测平台、轴箱检测平台、轮对跑合试验台、轮对动平衡机、数控轮对车床、数控立式车床、数控车轴车床、构架翻转机、构架喷漆装置、漆雾净化装置。

2）大架修设备与检修区域划分关系

根据车辆大架修的工艺流程，大架修库房按照各部件的检修可分为架车区、转向架检修区、轮轴检修区、电机检修区、车体检修区、电气检修区、空调检修区，制动/空压机检修区、受电弓（集电靴）检修区和钩缓检修区等，在各检修区的设备配置是不同的。

（1）架车区

架车区配备的主要设备为固定式架车机或移动式架车机。

（2）转向架检修区

配置的设备主要有转向架检测靠模、转向架翻转机、转向架清洗机、转向架零部件清洗机，并利用地沟分解、组装转向架。

转向架检修区还可完成构架补焊和修理、转向架静载试验等，该区域需设工艺股道供待修及修竣转向架存放。

（3）轮轴检修区

轮轴检修区主要配备有以下设备：轮对超声波探伤机、轮对动平衡试验机、立式数控车床（轮饼镗孔）、轮对压装、拆解机（可压装制动盘）、电热炉、车轮车床、轮对试验台、轴箱加热器、轴箱清洗机、轴承检测设备。

（4）电机检修区

配备电机拆装设备、带除尘的空气过滤器（电机清扫装置）、电机加热炉、电机零部件清洗设备、相关检测仪器仪表、电机试验装置、牵引电机空转试验台等，以及必要的起重运输设备。

（5）车体检修区

配置扭力扳手、打磨机等设备。

（6）电气检修区

配置的主要设备有逆变器试验台、电器综合试验台、高速断路器试验装置等。

（7）空调检修区

空调检修区设空调试验间和空调清洗间，并考虑立体式空调存放架。

（8）制动/空压机检修区

模块制动试验台、制动试验台、干燥器试验台、空压机试验台等设备。

（9）受电弓（集电靴）检修区

配置受电弓（集电靴）检修区受电弓（集电靴）修理、特性试验设备。

（10）钩缓检修区

配置的设备有车钩分解平台、车钩检测仪、压力试验机、车钩连挂试验台等设备。

1.6.3　列车自动外表面清洗机

列车清洗机是用于对城轨列车外表面实施自动洗车作业和进行淋雨试验的专用设备。

城轨列车长期在隧道、地面和高架线路上高速运行，车体外表面会吸附很多灰尘或其他脏物，长期累积会影响车辆外表面美观性，应予及时清洗车身两侧（包括车门、窗玻璃、侧顶弧圆面）及车端面（包括端面肩部）的洗刷工作。

借助于列车清洗机的供水/排水系统，可选择安装淋雨试验装置，用于对车辆进行水密性检验。

1）设备基本功能

设备基本功能如下：

①自动进行列车前端部、后端部、侧面、侧顶弧面、门窗框死角等部位的刷洗和冲洗、烘干（冬季）。整个清洗过程不损坏车辆设备及车体外表面。

②手动清洗、自动清洗或手动和自动相结合的清洗功能。

③各工位手动和点动操作功能。某工位故障时，应能够由操作人员从系统中切除，并不得影响其他工位和系统继续工作。

④选择端洗和不选择端洗的功能、自动或手动排水和补水的功能。

⑤清水软化处理功能。

⑥具有列车喷淋检漏试验功能,具有淋雨试验和不进行淋雨试验的选择功能。

⑦具有淋雨、清洗、维护模式的选择功能。

⑧安全及故障诊断功能。

2)设备基本参数

设备主要技术参数包括洗车速度、洗车能力、洗车时间、新水补充量、清洗剂用量、空气压力、电源安装容量、洗车库环境温度等。

3)设备简要结构

列车清洗机一般由喷淋系统、洗刷系统、洗车行车信号指示系统、水循环处理系统、光电信号系统、供气系统、监视及电控和操作台系统组成。

(1)喷淋系统

立柱上装有不锈钢喷水管,在每根喷水管上装有多个喷嘴。喷的水为回用水或清水、喷嘴的流量大小根据不同的工位有所区别。

(2)洗刷系统

洗刷系统如图1.22所示。

(a)端洗刷组 (b)侧洗刷组 (c)顶弧洗刷组

图1.22 洗刷系统

(3)行车作业信号系统

该系统由信号机、传感器、报警器和报警灯组成。

(4)水循环处理系统

洗车污水全部回收,处理后循环使用。清水作为补充用水水源。

该系统主要组成附件有集水坑、回收池、沉淀池、除油池、生化池、生化水池、机械过滤器、回用水池、洗车泵、加药定量泵、洗车用供水管路等。

(5)光电信号系统

该系统设有温度、液位、风压、水压传感器,以及列车位置检测传感器、接近开关等。

(6)供风系统

强风吹扫装置:由鼓风机和吹风管道组成。用强风形成风刀直接作用在车体表面,吹去车体表面的附着水,使车体表面水尽快蒸发,加快车体表面的干燥速度。

热风烘干装置:热风烘干装置吹出热风,更会加快车体表面的干燥速度。

(7)监视系统

摄像监视系统采用闭路监视系统来实现,能够全面了解洗车的整个过程,并且能够录制并存储洗车录像资料,以备洗车过程的查看,一旦发生事故,能及时反映事故当时的真实情况。

4)其他

列车清洗机在北方和南方使用,由于使用地域环境不同,可分为库内(一般北方使用)和露天(一般南方库)使用两种情况。在寒冷地区,零下温度会对没有防护的管道造成伤害。为了避免车门和其他运动部件结冰,在零度以下的天气里不能进行洗车作业,结冰会使车门不能开闭,造成列车不能投入使用。

任务 1.7　防松线

1.7.1　防松线的意义

在静载荷和温度变化不大的情况下,连接所用的三角形螺纹都有自锁性,但在冲击、震动和变载荷的作用以及温度变化较大的情况下,连接有可能松动,甚至松脱,不仅影响设备正常工作,有时还会造成严重事故。为了易于观察紧固件是否产生松动,并且表明该紧固件已经按要求紧固,以便和未做紧固的紧固件区分开,避免紧固件在安装时存在漏紧的现象,对紧固件标注防松线。

1.7.2　防松线的画线标准

1)画线原则

画线时须选择与底色存在较大反差的颜色(尽量用红色,如受电弓各部件底色偏红则须选用白色)。画线方向在便于检查的角度的前提下,优先采用垂直方向画线方案,其次采用水平方向画线方案,最后考虑其他方向画线方案。防松线必须同时关联紧固件和配件,并且保持对齐。同部件(或同部位)的螺栓、螺母画线方向尽可能保持一致;画涂要求均匀、平直、连贯,注意三点一线,即螺栓(螺母)、垫圈(垫片)、底座的防松线要在同一直线上,画线时禁止贯穿螺栓。

画线之前,对要画线的表面进行清洁,用酒精或其他允许使用的清洁剂将不正确的防松线擦拭干净;因防松线错位、模糊等原因需重新画线时,首先核对紧固力矩,确认紧固状态后,再重新画线。对车底盖板锁进行画线,在盖板锁锁闭状态下,将盖板锁的锁体和锁芯的下半部涂成红色,其中客室方孔锁不进行画线。

各部件在出厂时,紧固件表面画有3条防松线且都无错位的,在不影响检修人员检查的前提下,允许保留原防松线。如原防松线画法原则与该规定不一致,需按照该规定补画防松线,但不清除原防松线。如果其中有1条及以上防松线错位的,须重新校核紧固力矩后,擦除原有防松线,重新画线。

各部件在出厂时,部分紧固件画线颜色与该规定不符的,但画线原则一致,检查防松线没有错位允许保留。关于有防松挡片、防松铁丝以及开口销等有明确防松措施的螺栓,可不画防松线。

2)检修画线标准

螺母不可见时,M6以上螺栓画防松线宽度为3~5 mm,与螺栓连接的部件上画线长度为8~12 mm;对M6及以下的螺栓、螺母画防松线宽度为1~2 mm,与螺栓连接的部件上画线长度为4~8 mm。螺母和螺栓头均可见时,分别在螺母和螺栓头及与其连接的零(部)件上画线(图1.23);当只能见螺母或螺栓头时,在螺母或螺栓头及与其连接的零(部)件上画线(图1.24);螺栓的螺纹处也要画线。

螺栓头必须画线

螺纹处必须画线

图1.23　螺母和螺栓头均可见

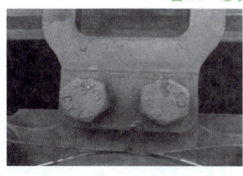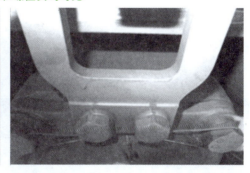

图1.24　只能看见螺母的画法

对电客车车底盖板锁进行画线,在盖板锁锁闭状态下,将盖板锁的锁体和锁芯的下半部涂成红色(图1.25),空调机组锁闭标记(分别见图1.26、图1.27、图1.28)其中客室的方孔锁不进行画线;对于有红、绿点的盖板锁,不画线,但需确认其红点与红点对应时锁闭,红点与绿点对应时打开。

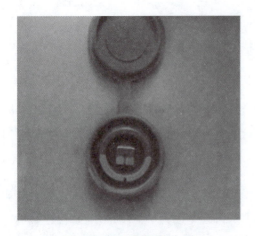

图 1.25　盖板锁画法（一）

图 1.26　盖板锁画法（二）

图 1.27　空调机组插销锁画法

图 1.28　空调机组压板锁闭画法

制动管路及给排水管路的活弯,在可视部位从活弯基部横跨活接螺母到活弯的另一侧画防松线。制动管路及给排水管路的活接,在可视部位从活接的一侧横跨活接螺母到活接的另一侧画防松线(图 1.28)。横跨线画完后,还需在活弯或活接基部,延管路周径与横跨线交叉处画 20 ~ 30 mm 防松线,防止管路纵向松脱。

2.5 端子紧固的防松线宽度在 0.5 ~ 3 mm 内选用,在螺栓、螺钉和接地板(或接地柱)上的防松线长度不小于 3 mm(图 1.29—图 1.31)。

图 1.29　管路套筒固定螺栓防松线和管路防松线画法

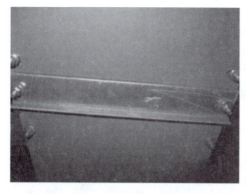

图 1.30　接线槽压板画法(内侧、侧压板螺母、螺栓头上都有防松线)

图 1.31　接线槽悬挂支架固定螺栓画法

　　原画线看不清楚或其他情况需要重新画线时,要将原画线清除干净后再重新画线。防松线检查纳入检查修程,在双周检及均衡修以上修程时,先擦除灰尘再检查防松线。白色墙体外表面不得画防松线。

3)大修画线标准

　　①紧固件为 M8 及以上的,用红黑平行线条表示,自检时用黑笔涂打,互检时用红笔涂打,两条平行线间距为 2~3 mm,如图 1.32 所示。

　　在可视部位从螺母的侧面及螺纹处打到基材的表面,如图 1.32(a)所示。

　　在可视部位从螺栓的头部中心位置附近打到基材的表面,如图 1.32(b)所示。

　　在可视部位从圆螺钉的头部中心位置附近打到基材的表面,如图 1.32(c)所示。

(a)螺母　　　　　　　(b)螺栓　　　　　　　(c)螺钉

图 1.32　画线标准

②紧固件为 M8 以下的,用一条黑线和一个红点表示,自检时用黑笔涂打,互检时用红笔涂打,如图 1.33 所示。

在可视部位黑线从螺母的侧面及螺纹处打到基材的表面,红点在螺母上邻近黑线的可视部位涂画,如图 1.33(a)所示。

在可视部位黑线从螺栓的头部中心位置附近打到基材的表面,红点在螺栓上邻近黑线的可视部位涂画,如图 1.33(b)所示。

在可视部位黑线从螺钉的头部位置打到固件的表面,红点在螺钉头上邻近黑线的可视部位涂画,如图 1.33(c)所示。

(a)空间狭小　　　　　(b)电缆旋紧件　　　　　(c)底座紧固螺栓

图 1.33　画线标准

③其他类型:如图 1.34 所示。

对于空间小无法正常使用记号画笔线的部位,要在可视部位的螺栓、螺母或螺钉上图画红黑点表示:自检画黑点,互检画红点,如图 1.34(a)所示。

因为大多数电缆旋紧件固定面基材是保温材料,所以电缆线旋紧件自检互检线都画到保温材料上,用平行线条表示,自检画白线,互检画红线,如图 1.34(b)所示。

底座螺栓紧固后,如底座表面颜色为黑色自检线画白线,互检画红线。原则上画线必须延伸至底座表面,如画不到底座上的,则画到底座的下一级固定面上,如图 1.34(c)所示。

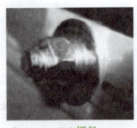  

(a)螺母　　　　　　　(b)螺栓　　　　　　　(c)螺钉

图 1.34　画线标准

④管路接头画线标准。直角弯头在可视部位从弯头直角处打至管体并延伸 20 ~ 40 mm,弯头两侧画线在直角处连接。

阀件与管路连接在可视部位,画线在阀与管路上各延伸 20 ~ 40 mm,水平连接阀两侧管路连接延长线应能够连接。

卡套式接头与管路连接处画线在可视部位从管体 20 ~ 40 mm 处开始打至接头体并延伸至接头体 20 ~ 40 mm 处。

金属软管连接处画线在可视部位从软管盖螺母开始,连接过渡接头并延伸至金属管路 20 ~ 40 mm 处。

TBU 接头画线应从接头上开始延伸至 TBU 本体 20 ~ 40 mm 处,且停放制动管接头和常用制动管接头应方向一致,如图 1.35 所示。

(a)直角弯头连接

(b)阀件与管路连接

(c)卡套式接头与管路连接

(d)金属软管连接

(e)TBU接头连接

图 1.35 各接头画线

⑤接线端子紧固标记的要求:自检画黑线,从螺母、螺栓或螺钉的侧面打到接线端子的面上。互检画红点,在螺母、螺栓或螺钉头部邻近黑线的可视位置涂画,具体见表1.6。

表 1.6 接线端子紧固标记画线

类 别	螺 母	螺 栓	螺 钉
示意图			
图片			

⑥特殊类型防松线画线要求:画防松线时,如基材表面颜色与油漆笔颜色冲突,冲突颜色可用白色代替,画法遵循通用画法。

如果弹垫、平垫的外径小于螺钉头、螺栓头、螺母的外径,防松线可以不画到弹垫、平垫上;如总装完成后紧固件螺栓螺母都可看见,在容易画防松线的螺栓或螺母处涂画,但同一部件、同一批次要保持一致;其他型号的螺栓、螺钉、螺母紧固时,防松线画法都遵循上述标准。

复习思考题

1. 列车检修工职业技能等级分为哪几类?
2. 列车检修工涉及的职业病及危害因素都有哪些?
3. 简述场段消防安全的重点部位。
4. 简述地铁消防安全工作方针。
5. 简述计划性预防维修的特点。
6. 地铁车辆维修类别有哪些?
7. 说明第四种检查器的多种测量功能。
8. 简述多功能万用表测量交流电压的方法。
9. 以西安地铁为例,简述客室车门的编号原则。
10. 简述电客车方位定义的意义。
11. 简述大架修设备的分类及主要设备。
12. 简述列车清洗机的基本功能。
13. 简述防松线的画线原则。
14. 说明接线槽悬挂支架固定螺栓的画法。

项目2 初级工理论知识及实操技能

任务 2.1 机械基础

2.1.1 机械制图基础

机械图样是工程师的共同语言,是制造加工的指令。设计人员的思想和设计意图是通过图样体现出来的,所以在机械制图中遵循统一的制图规则就显得尤为重要。现在执行的制图标准有技术制图、机械制图和 CAD 制图。

《技术制图》是面向各行业的通则性标准,是对各行业共性的制图规定提出的统一要求,如图幅、字体、比例、标题、明细栏等。《机械制图》主要是对机械行业制定的制图规则,制定这些规则一般采用两种方法:一种是直接采用《技术制图》国家标准中的有关规定;另一种是在不违反《技术制图》国家标准的前提下按机械行业的要求制定适合于机械行业的制图规则。

1)图纸的一般规定

在机械制图标准中规定的项目有图纸幅面及格式、比例、字体和图线等。

(1)图纸幅面

图纸幅面是指图纸宽度与长度组成的图面。绘制图样时,应采用表 2.1 中规定的图纸基本幅面尺寸,尺寸单位为:mm。基本幅面代号有 A0,A1,A2,A3,A4 共 5 种。

图纸幅面尺寸及边框尺寸见表 2.1。

表 2.1　图纸幅面尺寸及边框尺寸

幅面代号	幅面尺寸 $B \times L$	边框尺寸		
		a	c	e
A0	$841 \times 1\ 189$			20
A1	594×841		10	20
A2	420×594	25	10	
A3	297×420		5	10
A4	210×297		5	10

（2）比例

比例是指图样中的尺寸长度与机件实际尺寸的比例,主要有原值比例、放大比例和缩小比例 3 种。

（3）字体

在我国,规定汉字必须按长仿宋书写,字母和数字按规定的结构书写。

（4）图线

①线型。

粗实线:用于绘制可见轮廓线、可见过渡线。

细实线:用于绘制尺寸线、尺寸界线、剖面线、引出线和辅助线。

波浪线:用于绘制断裂处的边界线、视图与剖视的分界线。

双折线:用于绘制细线断裂处的边界线。

虚线:用于绘制不可见轮廓线、不可见过渡线。

细点画线:用于绘制轴线、对称中心线、节圆及节线、轨迹线。

粗点画线:用于绘制有特殊要求的线或表面的表示线。

双点画线:用于绘制假想轮廓线、相邻辅助零件的轮廓线及中断线。

②线宽。机械图样中的图线分粗线和细线两种。图线宽度应根据图形的大小和复杂程度在 0.5 ~ 2 mm 选择。粗线与细线的宽度比率为 2:1。图线宽度的推荐系列为:0.13,0.18,0.25,0.35,0.5,0.7,1,1.4,2 mm。一般常用 0.7 mm 或 0.5 mm,避免采用 0.18 mm。

③图线画法。同一图样中,同类图线的宽度应基本一致。

虚线、点画线及双点画线的线段长度和间隔应各自大致相等。

两条平行线(包括剖面线)之间的距离应不小于粗实线宽度的两倍,其最小距离不得小于 0.7 mm。

2）标准件

标准件也称为紧固件,是用于连接、紧固用的一类机械零件。品种规格繁多,性能用途各异,而且标准化、系列化、通用化的程度极高。

标准件通常包括以下 12 类零件:

（1）螺栓

螺栓是由头部和螺杆(带有外螺纹的圆柱体)两部分组成的一类紧固件,需与螺母配合,用于紧固连接两个带有通孔的零件。这种连接形式称为螺栓连接。如把螺母从螺栓上旋下,可以使这两个零件分开,故螺栓连接是属于可拆卸连接。

（2）螺柱

螺柱是没有头部的,仅有两端均外带螺纹的一类紧固件。连接时,它的一端必须旋入带有内螺纹孔的零件中,另一端穿过带有通孔的零件中,然后旋上螺母,即使这两个零件紧固连接成一件整体。这种连接形式称为螺柱连接,也是属于可拆卸连接。其主要用于被连接零件厚度较大、要求结构紧凑,或因拆卸频繁,不宜采用螺栓连接的场合。

（3）螺钉

螺钉也是由头部和螺杆两部分构成的一类紧固件,按用途可分为机器螺钉、紧定螺钉和特殊用途螺钉 3 类。机器螺钉主要用于一个紧定螺纹孔的零件,与一个带有通孔的零件之间的紧固连接,不需要螺母配合(这种连接形式称为螺钉连接,也属于可拆卸连接;也可与螺母配合,用于两个带有通孔的零件之间的紧固连接)。紧定螺钉主要用于固定两个零件之间的相对位置。特殊用途螺钉,如有吊环螺钉等供吊装零件用。

(4)螺母

螺母带有内螺纹孔,形状一般呈现为扁六角柱形,也有呈扁方柱形或扁圆柱形,配合螺栓、螺柱或机器螺钉,用于紧固连接两个零件,使之成为一件整体。

(5)自攻螺钉

自攻螺钉与机器螺钉相似,但螺杆上的螺纹为专用的自攻螺钉用螺纹。用于紧固连接两个薄的金属构件,使之成为一件整体,构件上需要事先制出小孔,由于这种螺钉具有较高的硬度,可直接旋入构件孔中,使构件中形成相应的内螺纹。这种连接形式也属于可拆卸连接。

(6)木螺钉

木螺钉与机器螺钉相似,但螺杆上的螺纹为专用的木螺钉螺纹,可直接旋入木质构件(或零件)中,用于把一个带通孔的金属(或非金属)零件与一个木质构件紧固连接在一起。这种连接也属于可以拆卸的连接。

(7)垫圈

垫圈是形状呈扁圆环形的一类紧固件。置于螺栓、螺钉或螺母的支撑面与连接零件表面之间,起增大被连接零件接触表面面积,降低单位面积压力和保护被连接零件表面不被损坏的作用;另一类弹性垫圈,还能起着阻止螺母回松的作用。

(8)挡圈

挡圈供装在机器、设备的轴槽或孔槽中,起着阻止轴上或孔上的零件左右移动的作用。

(9)销

销主要供零件定位用,有的也可供零件连接、固定零件、传递动力或锁定其他紧固件之用。

(10)铆钉

铆钉由头部和钉杆两部分构成的一类紧固件,用于紧固连接两个带通孔的零件(或构件),使之成为一件整体。这种连接形式称为铆钉连接,简称铆接,属于不可拆卸连接。因为要使连接在一起的两个零件分开,必须破坏零件上的铆钉。

(11)组合件和连接副

组合件是指组合供应的一类紧固件,如将某种机器螺钉(或螺栓、自供螺钉)与平垫圈(或弹簧垫圈、锁紧垫圈)组合供应。连接副是指将某种专用螺栓、螺母和垫圈组合供应的一类紧固件,如钢结构用高强度大六角头螺栓连接副。

(12)焊钉

焊钉由于光能和钉头(或无钉头)构成的异类紧固件,用焊接方法将其固定连接在一个零件(或构件)上面,以便再与其他零件进行连接。

3)尺寸标注

(1)组成

图样上的尺寸由尺寸界线、尺寸线、尺寸起止符号和尺寸数字组成。

尺寸界线应用细实线绘画,一般应与被注长度垂直,其一端应离开图样的轮廓线不小于 2 mm,另一端宜超出尺寸线 2～3 mm。尺寸线也应用细实线绘画,并应与被注长度平行,但不宜超出尺寸界线之外(特殊情况下,可超出尺寸界线之外)。图样上任何图线都不得用作尺寸线。尺寸起止符一般应用中粗短斜线绘画,其倾斜方向应与尺寸界线成顺时针 45°角,长度宜为 2～3 mm。在轴测图中标注尺寸时,其起止符号宜用小圆点。

图样上的尺寸,应以所注尺寸数字为准,不得从图上直接量取。

(2)尺寸的种类

①定形尺寸:确定组成建筑形体的各基本形体大小的尺寸。

②定位尺寸:确定各基本形体在建筑形体中的相对位置的尺寸。

③总尺寸:确定形体外形总长、总宽、总高的尺寸。

4)装配图

(1)概念

装配图是表达机器或部件的图样,主要表达其工作原理和装配关系。在机器设计过程中,装配图的绘制位于零件图之前,并且装配图与零件图的表达内容不同,它主要用于机器或部件的装配、调试、安装、维修等场合,也是生产中的一种重要的技术文件。

(2)作用

表达机器或部件的性能、工作原理、各组成零件之间的装配连接关系和有关装配检验方面的技术要求。

(3)内容

①一组视图:用一组视图表达机器或部件的工作原理、零件间的装配关系、连接方式,以及主要零件的结构形状。

②必要的尺寸:用来标注机器或部件的规格尺寸、零件之间的配合或相对位置尺寸、机器或部件的外形尺寸、安装尺寸以及设计时确定的其他重要尺寸等。

③技术要求:说明机器或部件的装配、安装、调试、检验、使用与维护等方面的技术要求,一般用文字写出。

④序号、明细栏和标题栏:在装配图中,为了便于迅速、准确地查找每一零件,对每一零件编写序号,并在明细栏中依次列出零件序号、名称、数量、材料等。在标题栏中写明装配体的名称、图号、比例以及设计、制图、审核人员的签名和日期等。

2.1.2 极限与配合概述

1)互换性

(1)互换性的基本概念

同一规格的同一批零部件,任取其一,不需要任何挑选和修配就能装在机器上,并能满足使用要求。也就是,零部件所具有的不经任何挑选和修配便能在同规格范围内互相替换作用的特性。

(2)互换性的种类

互换性分为完全互换和不完全互换。

完全互换:同一规格工件不作任何挑选,不需辅助加工就能装到所需的部件上,并能满足其使用要求。适用于大量、成批生产的标准零件,生产效率高。

不完全互换:在装配前允许有附加的选择,装配时允许有附加的调整但不允许修配,修配后能满足预期的使用要求。不完全互换适用于生产小批量和要求精度高的零件。

2)误差和公差

（1）加工误差

加工误差是指零件加工后的实际几何参数(几何尺寸、几何形状和相互位置)与理想几何参数之间偏差的程度。加工精度是指零件加工后的几何参数与理想零件几何参数相符的程度。加工误差的大小反映了加工精度的程度。

误差的种类分为尺寸误差、几何形状误差、位置误差。尺寸误差:零件实际尺寸与理想尺寸之差。几何形状误差:零件几何要素的实际形状与理想形状之差。位置误差:零件几何要素的实际位置与理想位置之差。

（2）公差

允许零件几何参数的变化量称为公差。工件的误差只要在公差范围内为合格件;超出公差范围为不合格件。

公差和误差的区别:误差是在加工中产生的,而公差是在设计中给定的。

3)配合

配合是指基本尺寸相同的、相互结合的孔和轴公差带之间的关系。主要分为间隙配合、过盈配合和过渡配合。

在轴与孔的配合中,孔的尺寸减去轴的尺寸所得的代数差,当差值为正时称为间隙;当差值为负时称为过盈。此外,孔和轴的配合还存在既有间隙又有过盈的情况,即为过渡配合。

2.1.3　连接及紧固概述

1)螺栓规格

螺栓规格示意图如图2.1所示。

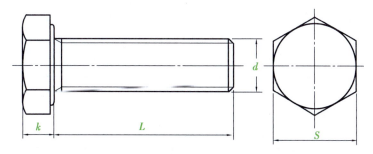

图2.1　螺栓规格示意图

规格组成:螺纹直径 × 长度（$d \times L$）。例如,M4 × 20 螺纹直径 4 mm,螺柱长度为 20 mm,公称直径与对角边距离对照表,见表2.2。

表2.2　公称直径与对角边距离对照表

公称直径/d	螺距/mm	对角边距离 s/mm
M5	0.8	8
M6	1	10
M8	1.25	13
M10	1.5	17
M12	1.75	19
M14	2	22
M16	2	24
M18	2.5	27
M20	2.5	30
M22	2.5	33
M24	3	36
M27	3	40
M30	3.5	46

2)常用螺栓力矩对照表

（1）车下箱体吊挂螺栓常用力矩表（表2.3）

表2.3　车下箱体吊挂螺栓常用力矩表

序号	螺栓规格	力矩值/（N·m）
1	M8	13.5
2	M10	35
3	M12	45
4	M16	120
5	M20	226

（2）车钩系统螺栓常用力矩表（表2.4）

表2.4　车钩系统螺栓常用力矩表

序号	螺栓规格	力矩值/（N·m）
1	M5	4.7
2	M6	8
3	M8	20
4	M10	40
5	M12	70

续表

序号	螺栓规格	力矩值/(N·m)
6	M16	160
7	M20	330
8	M24	580
9	M30	1 130

（3）受电弓系统螺栓常用力矩表（表2.5）

表2.5　受电弓系统螺栓常用力矩表

序号	螺栓规格	力矩值/(N·m)
1	M6	8.8
2	M8	21.4
3	M10	44
4	M12	74
5	M14	110
6	M16	165
7	M20	270

（4）转向架螺栓常用力矩表（表2.6）

表2.6　转向架螺栓常用力矩表

序号	螺栓规格	力矩值/(N·m)
1	M10	35
2	M12	60
3	M16	150
4	M20	535
5	M24	675

2.1.4　润滑及密封

1)定义

为降低相对运动物体表面摩擦、减少磨损,改善摩擦副的摩擦状态以降低摩擦阻力、减缓磨损的技术措施称为润滑。

以降低摩擦副的摩擦阻力、减缓其磨损的润滑介质称为润滑剂。润滑剂对摩擦副还能起冷却、清洗和防止污染等作用。

2）分类

根据摩擦副表面间形成的润滑状态和特征分为以下两种类型。

①按摩擦副之间润滑材料的不同,润滑可分为流体(液体、气体)润滑和固体润滑(见润滑剂)。

②按摩擦副之间摩擦状态的不同,润滑又分为流体润滑和边界润滑。介于流体润滑和边界润滑之间的润滑状态称为混合润滑。

任务 2.2　电气基础

2.2.1　电路分析基础

电路是由金属导线和电气、电子部件组成的导电回路。按照流过的电流性质可分为交流电路和直流电路两种。电路规模的大小,可以相差很大,小到硅片上的集成电路,大到高低压输电网。

电路的作用是进行电能与其他形式的能量之间的相互转换。实际应用的电路都比较复杂,因此为了便于分析电路的实质,通常用符号表示组成电路实际原件及其连接线,即电路图。理解电路图是电路分析的基础。

1）电路组成

电路由电源、开关、连接导线和用电器4大部分组成。而导线和辅助设备合称为中间环节。

电源是提供电能的设备。电源的功能是把非电能转变成电能。例如,电池是把化学能转变成电能;发电机是把机械能转变成电能。由于非电能的种类很多,转变成电能的方式也很多。电源分为电压源与电流源两种,只允许同等大小的电压源并联,同样也只允许同等大小的电流源串联,电压源不能短路,电流源不能断路。

在电路中使用电能的各种设备统称为负载。负载的功能是把电能转变为其他形式的能。例如,电炉把电能转变为热能,电动机把电能转变为机械能等,通常使用的照明器具、家用电器、机床等都可称为负载。

连接导线用来把电源、负载和其他辅助设备连接成一个闭合回路,起着传输电能的作用。辅助设备是用来实现对电路的控制、分配、保护及测量等作用的。辅助设备包括各种开关、熔断器、电流表、电压表及测量仪表等。

2）电路图

电路图主要由元件符号、连线、结点、注释4大部分组成。元件符号表示实际电路中的元件,它的形状与实际的元件不一定相似,甚至完全不一样。但是它一般都表示出了元件的特点,而且引脚的数目都和实际元件保持一致。连线表示的是实际电路中的导线,在原理图中虽然是一根线,但在常用的印刷电路板中往往不是线而是各种形状的铜箔块,就像收音机原理图中的许多连线在印刷电路板图中并不一定都是线形的,也可以是一定形状的铜膜。结点表示几个元件引脚或几条导线之间相互的连接关系。所有和结点相连的元件引脚、导线,不论数目多少,都是导通的。注释在电路图中是十分重要的,电路图中所有的文字都可归入注释一类。在电路图的各个地方都有注释存在,它们被用来说明元件的型号、名称等。

电路图可分为原理图、方框图、装配图和印板图等。

(1)原理图

由于它直接体现了电子电路的结构和工作原理,因此一般用在设计、分析电路中。分析电路时,通过识别图纸上所画的各种电路元件符号,以及它们之间的连接方式,就可了解电路实际工作时的原理,原理图就是用来体现电子电路的工作原理的一种工具。

(2)方框图

方框图是一种用方框和连线来表示电路工作原理和构成概况的电路图。从根本上说,这也是一种原理图,不过在这种图纸中,除了方框和连线,几乎就没有别的符号了。它和上面的原理图主要的区别在于原理图上详细地绘制了电路的全部的元器件和它们的连接方式,而方框图只是简单地将电路按照功能划分为几个部分,将每一个部分描绘成一个方框,在方框中加上简单的文字说明,在方框间用连线(有时用带箭头的连线)说明各个方框之间的关系。所以方框图只能用来体现电路的大致工作原理,而原理图除了详细表明电路的工作原理之外,还可用来作为采集元件、制作电路的依据。

(3)装配图

装配图是为了进行电路装配而采用的一种图纸,图上的符号往往是电路元件的实物外形图,只要照着图上把一些电路元件连接起来就能够完成电路的装配,这种电路图一般是供初学者使用的。装配图根据装配模板的不同而各不相同,大多数作为电子产品的场合,用的都是印刷线路板,所以印板图是装配图的主要形式。

(4)印板图

印板图的全名是印刷电路板图或印刷线路板图。它和装配图其实属于同一类电路图,都是供装配实际电路使用的。印刷电路板是在一块绝缘板上先覆上一层金属箔,再将电路不需要的金属箔腐蚀掉,剩下的部分金属箔作为电路元器件之间的连接线,然后将电路中的元器件安装在这块绝缘板上,利用板上剩余的金属箔作为元器件之间导电的连线,完成电路的连接。因为这种电路板的一面或两面覆的金属是铜皮,所以印刷电路板又称为覆铜板。印板图的元件分布往往和原理图中不一样。主要因为在印刷电路板的设计中,考虑所有元件的分布和连接是否合理,要考虑元件体积、散热、抗干扰、抗耦合等因素,综合这些因素设计出的印刷电路板,从外观看很难和原理图完全一致;而实际上却能更好地实现电路的功能。

在上面介绍的4种形式的电路图中,电路原理图是最常用也是最重要的,能够看懂原理图,也就基本掌握了电路的原理,绘制方框图、设计装配图、印板图就比较容易了。掌握了原理图,进行电气的维修、设计也是十分方便的。

2.2.2　电气元器件概述

电路多样化功能的实现离不开各种各样的电路元器件。由于电路规模可以相差很大,小到集成电路,大到高低压输电网,其中应用到的元器件差异也较大,以下分类说明。

1)高压元器件

高压元器件一般指额定电压为 3 000 V 及以上的元器件。

(1)绝缘子

绝缘子是用来支持和固定母线与带电导体,并使带电导体间或导体与大地之间有足够的距离和绝缘。绝缘子应具有足够的电气绝缘强度和耐潮湿性能,如图 2.2 所示。

图 2.2　绝缘子

(2)UT 楔形线夹

UT 楔形线夹采用楔形自锁结构,将钢绞线卡在线槽内。利用楔的劈力作用,使钢绞线锁紧在线夹内,达到紧固拉线的目的。一般用于拉线杆塔的下端,如图 2.3 所示。

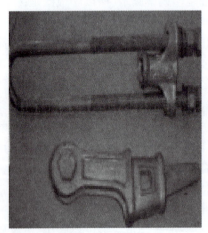

图 2.3　UT 楔形线夹

(3)跌落式熔断器

跌落式熔断器是 10 kV 配电线路分支线和配电变压器最常用的一种短路保护开关。它具有经济、操作方便、适应户外环境性强等特点,被广泛应用于 10 kV 配电线路和配电变压器一次侧作为保护和进行设备投切操作之用,如图 2.4 所示。

图2.4　跌落式熔断器

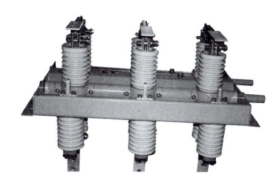

图2.5　高压隔离开关

（4）高压隔离开关

高压隔离开关的主要功能：保证高压电器及装置在检修工作时的安全,起隔离电压的作用,不能用于切断、投入负荷电流和开断短路电流,仅可用于不产生强大电弧的某些切换操作,也就是说,它不具有灭弧功能,如图2.5所示。

（5）高压断路器

高压断路器（高压开关）不仅可以切断或者闭合高压电路中的空载电流和负荷电流,而且当系统发生故障时通过继电器保护装置的作用,切断过负荷电流和短路电流,它具有相当完善的灭弧结构和足够的断流能力,如图2.6和图2.7所示。

图2.6　高压断路器

图2.7　氧化锌避雷器

（6）氧化锌避雷器

氧化锌避雷器是具有良好保护性能的避雷器。利用氧化锌良好的非线性伏安特性,使在正常工作电压时流过避雷器的电流极小（微安或毫安级）;当过电压作用时,电阻急剧下降,泄放过电压的能量,达到保护的效果。这种避雷器和传统避雷器的差异是它没有放电间隙,利用氧化锌的非线性特性起泄流和开断的作用。

（7）分界开关控制器

分界开关控制器（环网柜看门狗控制器、断路器控制器、分界开关控制器）安装在分界断路器开关柜内。分界开关控制器具备故障检测功能、保护控制功能和通信功能（配置通信模块后）,适用于安装在配电线路进线的责任分界点处,也可适用于符合要求的分支线末端线路。设备安装投运后,可以实现自动切除被控支线的单相接地故障和相间短路故障。

2)低压元器件

低压元器件一般指工作在交流电压 1 200 V、直流电压 1 500 V 及以下的元器件。

(1)断路器

断路器是指能够关合、承载和开断正常回路条件下的电流并能关合在规定的时间内承载和开断异常回路条件下的电流的开关装置。低压断路器又称为自动空气开关,既有手动开关的作用,也能自动进行失压、欠压过载和短路保护,如图 2.8 所示。

图 2.8　断路器　　　　　　　　　　图 2.9　接触器

(2)接触器

接触器分为交流接触器(电压 AC)和直流接触器(电压 DC),它应用于电力、配电与用电场合。接触器广义上是指工业电中利用线圈流过电流产生磁场,使触头闭合,以达到控制负载的电器,如图 2.9 所示。

接触器的工作原理:当接触器线圈通电后,线圈电流会产生磁场,产生的磁场使静铁芯产生电磁吸力吸引动铁芯,并带动交流接触器点动作,常闭触点断开,常开触点闭合,两者是联动的。当线圈断电时,电磁吸力消失,衔铁在释放弹簧的作用下释放,使触点复原,常开触点断开,常闭触点闭合。直流接触器的工作原理跟温度开关的原理类似。

(3)继电器

继电器是一种电控制器件,是当输入量(激励量)的变化达到规定要求时,在电气输出电路中使被控量发生预定的阶跃变化的一种电器。它具有控制系统(又称输入回路)和被控制系统(又称输出回路)之间的互动关系。通常应用于自动化的控制电路中,它实际上是用小电流去控制大电流运作的一种"自动开关"。故在电路中起自动调节、安全保护、转换电路等作用。

一般地,按继电器的工作原理或结构特征分类,可分为电磁继电器、固体继电器、温度继电器、舌簧继电器、时间继电器、高频继电器、极化继电器等。

(4)按钮、指示灯

按钮是一种人工控制的主令电器,主要用来发布操作命令,接通或开断控制电路,控制机械与电气设备的运行。

指示灯通常用于反映电路的工作状态(有电或无电)、电气设备的工作状态(运行、停运或试验)和位置状态(闭合或断开)等。它是用灯光监视电路和电气设备工作或位置状态的器件。

(5)转换开关、行程开关

转换开关是一种可供两路或两路以上电源或负载转换用的开关电器。转换开关具有多触点、多位置、体积小、性能可靠、操作方便、安装灵活等优点,多用于机床电气控制线路中电源的引入开关,起隔离电源的作用,还可作为直接控制小容量异步电动机不频繁启动和停止的控制开关。转换开关同样也有单极、双极和三极。

行程开关是一种常用的小电流主令电器。利用生产机械运动部件的碰撞使其触头动作来实现接通或分断控制电路,达到一定的控制目的。通常,这类开关被用来限制机械运动的位置或行程,使运动机械按一定位置或行程自动停止、反向运动、变速运动或自动往返运动等。

(6)熔断器

熔断器是指当电流超过规定值时,以本身产生的热量使熔体熔断,断开电路的一种电器。熔断器的工作原理是电流超过规定值一段时间后,以其自身产生的热量使熔体熔化,从而使电路断开。熔断器广泛应用于高低压配电系统和控制系统以及用电设备中,作为短路和过电流的保护器,是应用最普遍的保护器件之一。

(7)电流互感器、电压互感器

电流互感器是依据电磁感应原理将一次侧大电流转换成二次侧小电流来测量的仪器。电流互感器由闭合的铁芯和绕组组成。它的一次侧绕组匝数很少,串接在需要测量的电流线路中。因此,它经常有线路的全部电流流过,二次侧绕组匝数比较多,串接在测量仪表和保护回路中。电流互感器在工作时,它的二次侧回路始终是闭合的,因此测量仪表和保护回路串联线圈的阻抗很小,电流互感器的工作状态接近短路。电流互感器是把一次侧大电流转换成二次侧小电流来测量,二次侧不可开路。

电压互感器和变压器类似,是用来变换线路上的电压的仪器。但是变压器变换电压的目的是输送电能,因此容量很大,一般都是以千伏安或兆伏安为计算单位;而电压互感器变换电压的目的,主要是用来给测量仪表和继电保护装置供电,用来测量线路的电压、功率和电能,或者用来在线路发生故障时保护线路中的贵重设备、电机和变压器,因此,电压互感器的容量很小,一般都只有几伏安、几十伏安,最大也不超过 1 000 V·A。

(8)电抗器

电抗器称为电感器,一个导体通电时就会在其所占据的一定空间范围产生磁场,所以所有能载流的电导体都有一般意义上的感性。然而通电长直导体的电感较小,所产生的磁场不强,因此实际的电抗器是导线绕成螺线管形式,称空心电抗器。有时为了让这只螺线管具有更大的电感,便在螺线管中插入铁芯,称为铁芯电抗器。电抗分为感抗和容抗,感抗器(电感器)和容抗器(电容器)统称为电抗器。由于过去先有电感器,因此被称为电抗器。现在人们所说的电容器就是容抗器,而电抗器专指电感器。

（9）变压器、变频器

变压器是利用电磁感应的原理来改变交流电压的装置，主要构件是初级线圈、次级线圈和铁芯（磁芯）。其主要功能有电压变换、电流变换、阻抗变换、隔离、稳压（磁饱和变压器）等。变压器按用途可分为电力变压器和特殊变压器（电炉变、整流变、工频试验变压器、调压器、矿用变、音频变压器、中频变压器、高频变压器、冲击变压器、仪用变压器、电子变压器、电抗器、互感器等）。

变频器是应用变频技术与微电子技术，通过改变电机工作电源频率方式来控制交流电动机的电力控制设备。变频器主要由整流（交流变直流）、滤波、逆变（直流变交流）、制动单元、驱动单元、检测单元、微处理单元等组成。变频器靠内部 IGBT 的开断来调整输出电源的电压和频率，根据电机的实际需要来提供其所需的电源电压，进而达到节能、调速的目的。另外，变频器还有很多保护功能，如过流、过压、过载保护等。随着工业自动化程度的不断提高，变频器也得到了非常广泛的应用。

3）电子元器件

电子元器件是电子元件和小型的机器、仪器的组成部分，其本身常由若干零件构成，可以在同类产品中通用。电子元器件常指电器、无线电、仪表等工业的某些零件，如电容、晶体管、游丝、发条等子器件的总称。常见的有二极管等。

电子元器件包括电阻、电容器、电位器、电子管、散热器、机电元件、连接器、半导体分立器件、电声器件、激光器件、电子显示器件、光电器件、传感器、电源、开关、微特电机、电子变压器、继电器、印制电路板、集成电路、各类电路、压电、晶体、石英、陶瓷磁性材料、印刷电路用基材基板、电子功能工艺专用材料、电子胶（带）制品、电子化学材料及制品等。

元器件中，工厂在加工时没改变原材料分子成分的产品可称为元件，元件属于不需要能源的器件，包括电阻、电容和电感；器件是工厂在生产加工时改变了原材料分子结构的产品。元件可分为电路类元件（二极管、电阻器等）和连接类元件（连接器、插座、连接电缆、印刷电路板等）；器件可分为主动器件（自身耗电，需要外部电源）和分立器件（双极性晶体三极管、场效应晶体管、可控硅、半导体电阻电容）。

（1）电阻

电阻是一个限流元件，将电阻接在电路中后，电阻器的阻值是固定的，一般是两个引脚，它可限制通过它所连支路的电流大小。阻值不可变的称为固定电阻器。阻值可变的称为电位器或可变电阻器。理想的电阻器是线性的，即通过电阻器的瞬时电流与外加瞬时电压成正比。

①色环电阻。将不同颜色的色环涂在电阻器上来表示电阻的标称值及允许误差（图2.10），这种电阻称为色环电阻。

②贴片电阻。贴片元件具有体积小、质量小、安装密度高、抗震性强、抗干扰能力强、高频特性好等优点，广泛应用于计算机、手机、医疗电子产品等。贴片元件按其形状可分为矩形、圆柱形和异形三大类。贴片电阻按种类可分为电阻器、电容器、电感器、晶体管及小型集成电路等。

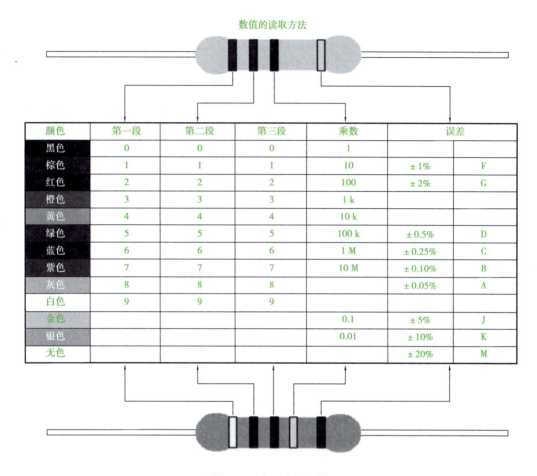

数值的读取方法

颜色	第一段	第二段	第三段	乘数	误差	
黑色	0	0	0	1		
棕色	1	1	1	10	±1%	F
红色	2	2	2	100	±2%	G
橙色	3	3	3	1 k		
黄色	4	4	4	10 k		
绿色	5	5	5	100 k	±0.5%	D
蓝色	6	6	6	1 M	±0.25%	C
紫色	7	7	7	10 M	±0.10%	B
灰色	8	8	8		±0.05%	A
白色	9	9	9			
金色				0.1	±5%	J
银色				0.01	±10%	K
无色					±20%	M

图 2.10　色环电阻阻值

（2）电容

通常简称电容器容纳电荷的本领为电容,在电路中用于调谐、滤波、耦合、旁路、能量转换和延时等。根据介质的不同,分为陶瓷、云母、纸质、薄膜、电解电容几种。

（3）二极管

二极管是一种具有两个电极的装置,只允许电流由单一方向流过。二极管最普遍的功能就是只允许电流由单一方向通过(称为顺向偏压),反向时阻断(称为逆向偏压)。二极管的作用有整流电路、检波电路、稳压电路、各种调制电路等。

晶体二极管为一个由 P 型半导体和 N 型半导体形成的 PN 结,在其界面处两侧形成空间电荷层,并建有自建电场。当不存在外加电压时,由于 PN 结两边载流子浓度差引起的扩散电流和自建电场引起的漂移电流相等而处于电平衡状态。当外界有正向电压偏置时,外界电场和自建电场的互相抑消作用使载流子的扩散电流增加引起了正向电流。当外界有反向电压偏置时,外界电场和自建电场进一步加强,形成在一定反向电压范围内与反向偏置电压值无关的反向饱和电流。当外加的反向电压高到一定程度时,PN 结空间电荷层中的电场强度达到临界值产生载流子的倍增过程,产生大量电子空穴对,产生了数值很大的反向击穿电流,称为二极管的击穿现象。

二极管种类有很多,按照所用的半导体材料可分为锗二极管(Ge 管)和硅二极管(Si

管）。根据其不同用途可分为检波二极管、整流二极管、稳压二极管、开关二极管、隔离二极管、肖特基二极管、发光二极管、硅功率开关二极管、旋转二极管等。按照管芯结构可分为点接触型二极管、面接触型二极管及平面型二极管。点接触型二极管是用一根很细的金属丝压在光洁的半导体晶片表面，通以脉冲电流，使触丝一端与晶片牢固地烧结在一起，形成一个"PN 结"。由于是点接触，只允许通过较小的电流（不超过几十毫安），适用于高频小电流电路，如收音机的检波等。面接触型二极管的"PN 结"面积较大，允许通过较大的电流（几安到几十安），主要用于把交流电变换成直流电的"整流"电路中。平面型二极管是一种特制的硅二极管，它不仅能通过较大的电流，而且性能稳定可靠，多用于开关、脉冲及高频电路中。

（4）三极管

三极管全称为半导体三极管，也称双极型晶体管、晶体三极管，是一种控制电流的半导体器件。其作用是把微弱信号放大成幅度值较大的电信号，也用作无触点开关。晶体三极管是半导体基本元器件之一，具有电流放大作用，是电子电路的核心元件。三极管是在一块半导体基片上制作两个相距很近的 PN 结，两个 PN 结把整块半导体分成 3 个部分，中间部分是基区，两侧部分是发射区和集电区，排列方式有 PNP 和 NPN 两种。

（5）电感器

电感器是能够把电能转化为磁能而存储起来的元件。电感器的结构类似于变压器，但只有一个绕组。电感器具有一定的电感，它只阻碍电流的变化。如果电感器在没有电流通过的状态下，电路接通时它将试图阻碍电流流过；如果电感器在有电流通过的状态下，电路断开时它将试图维持电流不变。电感器又称为扼流器、电抗器、动态电抗器。

电感器一般由骨架、绕组、屏蔽罩、封装材料、磁芯或铁芯等组成。它可分为自感器和互感器。当线圈中有电流通过时，线圈的周围就会产生磁场，当线圈中电流发生变化时，其周围的磁场也产生相应的变化，此变化的磁场可使线圈自身产生感应电动势，这就是自感。两个电感线圈相互靠近时，一个电感线圈的磁场变化将影响另一个电感线圈，这种影响就是互感。互感的大小取决于电感线圈的自感与两个电感线圈耦合的程度，利用此原理制成的元件称为互感器。

（6）组合电路

集成电路是一种采用特殊工艺，将晶体管、电阻、电容等元件集成在硅基片上而形成的具有一定功能的器件，英文缩写为 IC，也俗称芯片。

模拟集成电路是指由电容、电阻、晶体管等元件集成在一起用来处理模拟信号的模拟集成电路。有许多模拟集成电路，如集成运算放大器、比较器、对数和指数放大器、模拟乘（除）法器、锁相环、电源管理芯片等。模拟集成电路的主要构成电路有放大器、滤波器、反馈电路、基准源电路、开关电容电路等。模拟集成电路设计主要是通过有经验的设计师进行手动的电路调试模拟而得到，与此相对应的数字集成电路设计大部分是通过使用硬件描述语言在 EDA 软件的控制下自动综合产生。

数字集成电路是将元器件和连线集成于同一半导体芯片上而制成的数字逻辑电路或系统。根据数字集成电路中包含的门电路或元器件数量，可将数字集成电路分为小规模集成（SSI）电路、中规模集成（MSI）电路、大规模集成（LSI）电路、超大规模集成（VLSI）电路和特大规模集成（ULSI）电路。

任务 2.3 车辆知识概述

2.3.1 车辆总体

1)使用条件

线路轨距 1 435 mm;最大坡度,正线最大坡度不宜大于 30‰,困难地段可采用 35‰,联络线、出入段的最大坡度不宜大于 40‰。

2)供电条件

(1)受电方式

①接触网:受电弓受电。

②接触轨:受流器受电。

(2)供电电压

①DC1500 V。

②DC750 V。

3)车辆类型

车辆类型是指所用车辆的型号。中国所用的车辆一般为 A,B,C 3 种型号以及 L 型。

地铁和轻轨的区别:

(1)列车的规格

列车的车型和编组决定了车轴质量和站台长度(表2.7)。

①地铁:A 型车、B 型车,采用 5 ~ 8 节车编组列车。

②轻轨:C 型车、L 型车,采用 2 ~ 4 节车编组列车。

表2.7 各车型单节车主要技术规格

列车规格	A 型车	B 型车	C 型车	L 型车
长度/m	22.1	19.8	15 ~ 19	17.8
宽度/m	3	2.8	2.6	2.8
最大载客量/人	310	240	210	210 ~ 220
单侧车门数量/个	4 ~ 5	3 ~ 4	4	3

(2)主要服役线路

①A 型车:上海轨道交通 1、2、3、4 号线,南京地铁 1,2 号线,北京地铁 6 号线等。

②B 型车:北京地铁 1、2、4 号线,天津地铁 1、2 号线,武汉地铁 1 号线,西安地铁 1、2、3 号线等。

③C 型车:上海轨道交通 5、6 号线等。

④L 型车:广州地铁 4、5 号线等。

4)基本要求与一般规定

①车轮直径为 840 mm,并对轮径差有一定要求(一般同轴路径差控制在 2 mm 以内,同一转向架轮径差控制在 4 mm 以内,同一辆车之间控制在 7 mm 以内)。

②轮对内侧距为(1 353 ±2)mm。

③轮重分配要求:同一辆动车的每根轴上所测得的轴重与该车各动轴实际平均轴重之差不应超过实际平均轴重的 2%,每个车轮的实际轮重与该轴两个轮重平均值之差不应超过该轴两轮平均轮重的 4%。

④车辆客室地板面距轨面高度应与车站站台面相协调,车辆空重车高度调整装置能有效保持车辆地板面高度不因载客量的变化而改变,地板面高度不低于站台面。

(1)车辆速度性能指标

①地铁车辆最高运行速度不低于 80 km/h。

②定员情况下,在平直干燥轨道上,车轮为半磨耗状态,启动加速度为列车从 0 加速到 40 km/h,不低于 0.83 m/s^2。列车从 0 加速到 80 km/h,不低于 0.5 m/s^2。

③定员情况下,在平直干燥轨道上,车轮为半磨耗状态,列车从最高运行速度到停车,制动平均减速度为:常用制动平均减速度不低于 1.0 m/s^2。紧急制动平均减速度不低于 1.2 m/s^2。

④列车纵向冲击率不应大于 1 m/s^3。

(2)车辆平稳性指标

车辆运行的平稳性指标小于 2.5,车辆推柜系数小于 0.8。

(3)客室噪声规定

①地铁列车在露天地面区段、碎石道床、水平直线轨道自由声场内停放,辅助设备正常工作时,在车外距轨道中心 7.5 m、距轨面高度 1.5 m 处,测得的连续噪声值不大于 69 dB。

②地铁列车在露天地面水平直线区段自由声场内,碎石道床无缝长钢轨轨道上,以 60 km/h 速度运行时,在车外距轨道中心 7.5 m、轨面高度 1.5 m 处,测得的连续噪声值不大于 80 dB。

③在正常工况下,丧失 1/4 动力的情况下,列车能运行到终点,在丧失 1/2 动力时,具有在正线最大坡道启动和运行到最近车站的能力;一列空载列车具有在正线线路的最大坡道上牵引另一列额定载荷的无动力列车运行到下一车站的能力。

④同一型号的零部件具有良好的互换性。

⑤车辆一般情况下具有经铁路运送的能力,并能满足无动力回送的要求。

5)车辆编组

(1)车型代号

动车:带司机室动车(Mc),无司机室动车(M),带受电弓动车(Mp)。

拖车:带司机室拖车(Tc),无司机室拖车(T)。

(2)列车编组

列车编组有多种形式,常见的是动车与拖车混合编组或全动车编组。

6)车辆限界

限界是轨道交通的重要组成内容,是根据车辆、行车速度、线路、轨道、设备条件及安全间隙等决定的。其中,车辆动态包络线限界是各种地铁限界的主要条件。

(1)限界的分类

限界是保障地铁或轻轨车辆安全运行,用以限制沿线设备安装及确定建筑结构有效净空尺寸的技术。地铁设计规范中将限界分为车辆限界、设备限界和建筑限界。

①车辆限界:计算车辆在平直轨道上按规定速度运行,考虑车辆和轨道的公差、磨耗、弹性变形以及振动等正常运行状态下的各种限定因素,而产生的车辆各种部位横向和竖向动态偏移后的统计轨迹,以基准坐标系表示的包络线称为车辆限界。

②设备限界:它是基准坐标系中位于车辆限界外,考虑了车辆在一系或二系悬挂故障状态下运行以及车辆在未考虑因素所产生的包络线。设备限界外安装的任何设备(不包括站台计算长度内),即使考虑它们的安装误差或柔性变形均不得侵入的空间称为设备限界。

③建筑限界。它是设备限界外的界限。沿线任何永久固定建筑物,即使考虑施工误差、测量误差及机构永久变形在内,均不得向内侵入的限界。

本节对车辆限界进行简单介绍,其他限界不再叙述。

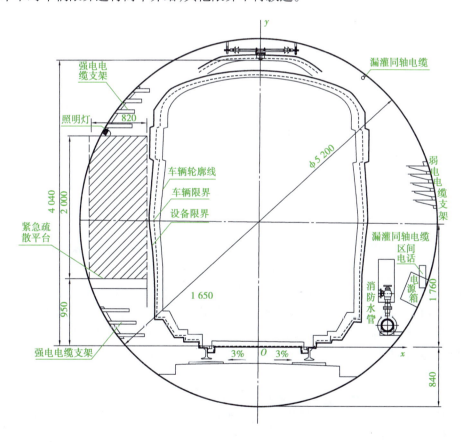

图 2.11　地铁限界

(2)车辆限界

设计车辆时,其横断面的形状和尺寸并不是可以任意放大的,而是与线路上所留出的空间相适应的,因此对车辆横断面轮廓尺寸有一限制。车辆限界是一个限制车辆横断面最大容许尺寸的轮廓图形。无论是空车或重车停放在水平轨道上时，该车所有一切凸出部分和悬挂部分都应容纳在限界轮廓之内。

规定限界的目的主要是防止车辆在直线或曲线上运行时与各种建筑物或非指定的设备发生接触。车辆限界与建筑限界之间，必须留出一定空间，以便车辆安全通行，这个空间是考虑车辆某些部件在允许的最大限度公差、磨耗和运行中车辆产生偏移的情况下，同时考虑了线路所产生的允许歪斜，仍然保证安全通过的要求。

车辆限界可分为 3 种状况，即车辆制造轮廓线、车辆静态限界和车辆动态包络线。

①车辆制造轮廓线：车辆设计制造出来的基本轮廓线，包括车辆制造公差、弹簧悬挂系统的特性及规定的最大磨耗值等。

②车辆静态限界：车辆停放在平直线路上所处的状态。因为平直线路存在轨道几何偏差和磨损、轮轨间隙以及车体相对于轮对的偏移量，所以车辆静态限界比车辆轮廓线要大。

③车辆动态包络线：动态包络线就是通常所说的车辆限界，动态限界是以线路为基础的车辆基准轮廓线在车辆运行过程中的最外点，按车轮在线路上运行时机车车辆个别部件最不利的位置来考虑。

2.3.2 车辆机械

车辆机械主要包括电客车机械部件和机械连接部件。按其功能和作用可分为以下系统：车体及贯通道系统、内装系统、转向架系统、车钩缓冲装置、基础制动装置和车门系统等。

1）车体及贯通道系统

车体是车辆部件的主要承载部件，主要由车顶、底架、侧墙、端墙、客室和司机室组成。

车体结构按使用的主要材料可分为普通碳钢车体、高耐候结构钢车体、不锈钢车体和铝合金车体。

传统的电客车车体均采用由普通碳素钢制成，有众多纵、横型材构成的骨架和外包板结构，形成一个筒形薄壳整体承载结构，一般自重达到 10 ～ 13 t。

贯通道是轨道客车两车厢间柔性连接的部件，其结构可以满足列车在规定路况下的相对运动，给乘客提供一个安全可靠的通道。其主要由折棚总成、螺钉框总成、单棚板总成、双棚板总成、上踏板总成、下踏板总成、导向机构总成、侧护板总成等部分组成；具有良好的防雨、防风、防尘、降噪功能，保证乘客能随时、安全、方便地停留或通过。

2）内装系统

内装系统是保证乘客乘坐舒适性的重要部件，其对防火、降噪有较高要求，主要由中顶板、侧顶板、侧墙内墙板、地板及地板布、客室座椅、扶手杆和立柱、残疾人轮椅区和灭火器等部件组成。

3）转向架系统

转向架是承载列车载荷、实现列车走行功能的重要部件，也是轨道车辆结构中最为重要的部件之一。

转向架系统按其动力类型可分为动车转向架和拖车转向架。按其结构组成主要有构架、轮对轴箱组成、一系悬挂、二系悬挂、中央牵引装置等。

4）车钩缓冲装置

车钩是实现车体连接的重要组成部件，承担着车辆间牵引力和制动力的传递和振动缓冲。

车钩缓冲装置按形式钩缓装置主要分为全自动车钩、半自动车钩和半永久车钩3种。

全自动车钩和半自动车钩主要应用于列车头尾端。其中，全自动车钩主要由连挂系统、压溃装置、缓冲装置、回转机构、电气连接器和过载保护装置等组成；半自动车钩主要由连挂系统、压溃装置、缓冲装置、回转机构和过载保护装置等组成；半永久车钩主要由压溃装置、缓冲装置、连接杆和回转机构等组成。

5）基础制动装置

基础制动装置的主要组成为制动单元，按照制动形式可分为踏面制动单元和盘式制动单元；按照功能可分为带停放制动的基础制动单元和不带停放制动的基础制动单元；按照制动原理又可分为常用制动、快速制动、紧急制动和停放制动。

列车空气制动时最终由踏面制动单元来完成，列车每根轴上均配备一套带停放制动和不带停放制动的制动单元，用于执行常用制动、紧急制动和停放制动。

为节约能源，一般情况下常用制动或快速制动时列车按照动、拖为一个单元进行控制，最大可能地采用电制动，空气制动通常作为电制动的补充。司控器的最后一位为"快速制动"位，快速制动的减速度与紧急制动的减速度相同，但快速制动优先使用电制动。

紧急制动为纯空气制动，紧急制动控制电路一般采用"失电施加、得电缓解"的形式，紧急制动一经施加不可撤销，直至停车。

当接收到停放制动信号时，电磁线圈得电，截断停放制动气路，从而排出停放制动缸的空气而施加停放制动；或者当总风压力低于标准值时，总风压力不足以克服弹簧弹力时，停放制动自动施加。

基础制动装置一般具备闸瓦间隙自动调整的功能，可通过其结构设计根据闸瓦与踏面间隙自动进行闸瓦间隙调整。

6）车门系统

车门系统是轨道车辆的关键部分之一，起着非常重要的作用，须满足运载客流量大，乘客上下车频繁的特点。

车门系统主要包括客室侧门、司机室侧门、司机室与客室间的通道门以及紧急情况下用于安全疏散的紧急逃生门。

①客室侧门按照动力形式可分为电机驱动和压缩空气驱动；按照开启及结构形式主要可分为移动门和塞拉门。移动门又可分为内藏式滑动移门和外挂式滑动移门，主要由门板、吊板、驱动机构等组成。

②司机室侧门一般采用单门门扇机构，主要由门板、门板安装机构组成。

③通道门主要用于隔离载客区与司机操作区，主要用于司机出入司机室和客室通道、通过通道门玻璃瞭望客室疏散或清客情况，通道门还可用于在隧道内紧急疏散时疏散乘客使用；智能化程度较高的无人驾驶列车一般不设置司机室，相应的也不需要再设置通道门。

④紧急逃生门设置在列车两端司机室的前端,用于在紧急情况下可以向前放下到路基上作为通向地面的踏板,用于紧急时疏散乘客。紧急逃生门主要由逃生门、逃生梯组成。

2.3.3 电路自锁、互锁原理

1)自锁原理

自锁控制又称自保持。它是通过启动按钮启动后让接触器线圈持续有电,致使保持节点通路状态。

图2.12中左侧为主回路,右侧为二次回路。二次回路中,SB2为常开按钮,下方 KM 为接触器线圈,上方 KM 为接触器常开触点。若没有接触器的参与,即没有图中所有标有 KM 的地方,则 SB2 按下时回路通电,松开则断电。启动按钮都使用常开按钮。当接入了接触器线圈时,将常开触点和 SB2 并联,由此就产生了按下 SB2 后 KM 线圈通电从而闭合常开触点,以保证松开 SB2 时回路依然有电的效果。

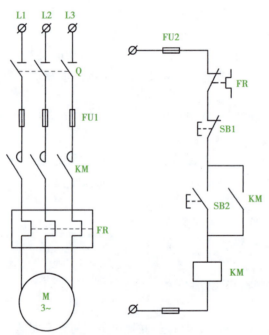

图 2.12　自锁电路

2)互锁原理

互锁是利用电路中某一回路的辅助触点去控制对方的线圈回路,进行状态保持或功能限制。一般对象是其他回路。

互锁分为机械互锁和电气互锁。

机械互锁:SB2 使用的带有机械互锁的按钮,当 SB2 所在回路正常工作时,由于"5"上方的常闭触点处于通电状态,因此,与之虚线连接的 SB3 按钮按下后无反应。

电气互锁:当 SB2 所在回路通电时,接触器 KM1 的线圈供电,此时"8"下方的 KM1 常闭触点断开。从而避免了两个回路同时供电。

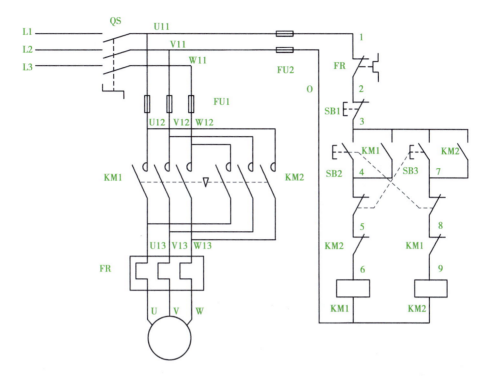

图2.13　互锁电路

复习思考题

1. 简述误差的种类。
2. 转向架螺栓的常用扭力值有哪些?
3. 简述互换性的含义。
4. 简述装配图的内容。
5. 电路图可分为哪几种?
6. 低压元器件有哪些?
7. 色环电阻的阻值如何读取?
8. 简述形成车辆编组的车型分类。
9. 简述车辆限界的分类。
10. 车辆机械按其功能和作用分为哪些系统?
11. 简述车门系统的分类。
12. 电路的互锁、自锁是如何实现的?

项目3 中级工理论知识及实操技能

任务 3.1 机械部件原理及故障分析

3.1.1 阀类简介

阀门是用来开闭管路、控制流向、调节和控制输送介质参数(温度、压力和流量)的管路附件。阀门是流体输送系统中的控制部件,具有截止、调节、导流、防止逆流、稳压、分流或溢流泄压等功能。根据其功能,可分为关断阀、止回阀、调节阀等。

阀门的控制可采用多种传动方式,如手动、电动、液动、气动、涡轮、电磁动、电磁液动、电液动、气液动、正齿轮、伞齿轮驱动等。它可以在压力、温度或其他形式传感信号的作用下,按预定的要求动作,或者不依赖传感信号而进行简单的开启或关闭,阀门依靠驱动或自动机构使启闭件作升降、滑移、旋摆或回转运动,从而改变其流道面积的大小以实现其控制功能。

球阀的阀芯为开孔的圆球。扳动阀杆使球体开孔正对管道轴线时为全开,转 90°为全闭。球阀有一定的调节性能,关闭较严密。

蝶阀的阀芯为圆形阀板,它可沿垂直管道轴线的立轴转动。当阀板平面与管子轴线一致时,为全开;当闸板平面与管子轴线垂直时,为全闭。

1)关断阀

这类阀门是起开闭作用的。常设于冷热源进出口、设备进出口、管路分支线(包括立管)上,也可用作放水阀和放气阀。常见的关断阀有闸阀、截止阀、球阀和蝶阀等。

截止阀按介质流向分直通式、直角式和直流式 3 种。截止阀的关闭严密性较闸阀好,阀体长,流动阻力大,最大公称直径为 DN200。

2)止回阀

这类阀门用于防止介质倒流,利用流体自身的动能自行开启,反向流动时自动关闭。常设于水泵的出口、疏水器出口以及其他不允许流体反向流动的地方。

止回阀分旋启式、升降式和对夹式 3 种。对于旋启式止回阀,流体只能从左向右流动,反向流动时自动关闭。对于升降式止回阀,流体从左向右流动时,阀芯抬起,形成通路,反向流动时阀芯被压紧到阀座上而被关闭。对于对夹式止回阀,流体从左向右流动时,阀芯被开启,形成通路,反向流动时阀芯被压紧到阀座上而被关闭,对夹式止回阀可多位安装、体积小、质量小、结构紧凑。

3）调节阀

调节阀阀门前后压差一定,普通阀门的开度在较大范围内变化时,其流量变化不大,而到某一开度时,流量急剧变化,即调节性能不佳。调节阀可按照信号的方向和大小,改变阀芯行程来改变阀门的阻力数,从而达到调节流量目的的阀门。调节阀分手动调节阀和自动调节阀,而手动或自动调节阀又分许多种类,其调节性能也是不同的。自动调节阀有自力式流量调节阀和自力式压差调节阀等。

3.1.2　空气气路控制分析

气路控制系统主要由风源系统、干燥冷却系统、管路、气动控制系统及执行机构等组成。主要是将气体利用压缩机压缩后提供高压的气体,经过干燥、冷却系统净化、冷却后提供洁净常温的气体供车辆使用。

1）地铁车辆气路的主要组成及功能

（1）风源系统

风源系统主要是利用安装的空压机压缩空气提供所需的高压空气。国内地铁主要采用每列编组电客车设有两台空压机,可设为异同步启动、停止,目的均为确保各空压机均衡使用;空压机控制装置内设有调压开关,控制空压机自动启动和停止。

（2）干燥冷却系统

安装空气压缩机后,用于除去空气中的水蒸气、雾状的油及水,也可除去灰尘,一般在该装置内装有一个止回阀,当空气压缩机发生故障或空压机软管破损时,可防止空气从原油缸管排出。

（3）管路

管路主要是将洁净的高压空气输送到需要的各个单元,确保各单元正常工作。地铁列车空气管路主要用于制动系统、空气悬挂系统,此外,设有受电弓受流的地铁车辆还需通过压缩空气控制受电弓的上升及下降。

（4）气路控制系统及执行机构

气路控制系统包括空气制动控制系统、空气悬挂控制系统及受电弓升降弓控制系统。升降弓控制系统通过电磁阀得电是气路导通给气囊供风来完成升弓动作,反之亦然。空气悬挂控制系统通过高度调整阀阀杆位置判断给空气弹簧充气及排气,保证车体地板面控制在合理的高度范围之内;空气制动控制系统主要为能使列车在合理的精度范围之内停车的空气制动控制装置,包含列车失气后的停放制动控制装置。

2）气路控制的优缺点

（1）气路控制的优点

①对于传统形式而言,气体不局限于空间限制,可以在任意空间位置组建所需的运动轨迹,安装及维护方便简单。

②利于空气作为介质,资源丰富、排气处理简单,不污染环境、成本低。

③气体运动速度较液体传动快。

④可靠性高,寿命长。

⑤空气制动具有可压缩性,可储存能量,具有防火、防爆、耐潮等能力。

（2）气路控制的缺点

①空气制动具有压缩性,汽缸的动作速度易受载荷的变化而变化。

②低速运动稳定性差。

③汽缸的输出力比液压缸小。

3）气路故障分析

二号线电客车在检修时发现 5 车 4 位高度调整阀常排气,经检查发现为 5 车 3 位高度调整阀充气,5 车 4 位排气,更换差压阀后正常。

故障调查:

①现场测量二系悬挂高度,5 车 1 位高度为 256 mm,5 车 2 位高度为 255 mm,5 车 3 位高度为 255 mm,5 车 4 位高度为 267 mm。调整 5 车 4 位高度后,1 位、2 位及 3 位高度变化不大,5 车 4 位高度为 255 mm,故障情况未消除,5 车 4 位高度调整阀仍连续排气。

②分解 5 车 3 位、4 位高度调整杆与车体的连接后,下拨 5 车 4 位高度调整杆水平杠杆,5 车 4 位高度调整阀排气,5 车 4 位、3 位二系悬挂高度变化,分别为 256 mm、242 mm,5 车 4 位二系悬挂高度下降时存在 5 车 3 位二系悬挂高度同时下降的情况。操作 5 车 3 位水平杠杆对 5 车 3 位空气弹簧充气,使 5 车 3 位二系悬挂高度为 255 mm,测量 5 车 4 位二系悬挂高度为 267 mm。

③保持 5 车 3 位、4 位高度调整杆与车体的分解状态,使 5 车 3 位高度调整阀排气,5 车 3 位高度下降至 250 mm,5 车 4 位二系悬挂高度为 265 mm。

故障分析:

正常情况下,使空气弹簧保持在水平杠杆的水平位置,高度调整阀无异常排气,当正常减载时,高度调整阀正常排气。当两侧气压差达到（100±20）kPa 时,差压阀导通,使气体从高气压往低气压处移动。

当差压阀异常时,即导通值小于（100±20）kPa 时,导致气体从高气压侧往低气压侧移动。低气压侧压力升高,并排气。

车辆两个空气弹簧之间有差压阀,当两个空气弹簧压力差超过 100 kPa 时,差压阀导通;同时,空气弹簧同时与平均阀相连,并给制动系统提供空重车压力信号。

根据故障情况分析如下:

①高度调整阀发生故障。当高度调整阀出现故障后,高度调整阀此时在充气与排气的叠加位置,即高度调整阀边充气边排气。

②差压阀故障。差压阀处于两个空气弹簧之间,其作用是当一个空气弹簧出现故障后（爆裂）,另一个空气弹簧压力下降,使其两个压力差保持在 100 kPa 左右,当差压阀出现故障后,无压力差作用时,压力大的空气弹簧气体往压力低的空气弹簧中流动,造成压力低的空气弹簧压力升高,同时造成车体上升,当上升到一定程度后,在高度调整杆的作用下使高度调整阀排气。

③平均阀故障。平均阀是连通同一转向架的两个空气弹簧,然后将两个空气弹簧的压力平均后,再将平均后的压力输出至制动控制箱的装置。当平均阀出现故障后,两个空气弹簧导通,压力大的空气弹簧气体往压力低的空气弹簧中流动,造成压力低的空气弹簧压力升高,同时造成车体上升,当上升到一定程度后,在高度调整杆的作用下使高度调整

阀排气。

④空气弹簧的有效截面积不同。每节车车体的质量是由 4 个空气弹簧支撑,由 $F = PS$ 可知,当空气弹簧有效截面积不同时,造成该处空气弹簧压力较大与同一转向架的另一个空气弹簧相比,压力差大于 100 kPa 时,压差阀导通,向另一侧空气弹簧充气,车体上升,在高度调整阀的作用下进行排气。

故障调查:

为掌握故障情况,逐一排除故障点,在现场重新调整杆高度,调整后二系悬挂高度均为 255 mm,静置 30 min 后,3 车 3 位二系悬挂高度变为 265 mm,本节车其余 3 个空气弹簧高度变化不大,此时 3 车 3 位高度调整阀仍漏气,此时高度调整阀水平杆处于排气状态。其次,将 2 车 3 位高度调整阀与 3 车 3 位高度调整阀互换,更换高度调整阀后,重新调整空气弹簧高度,故障未见转移。因此排除高度调整阀故障。

更换 3 车 2 位转向架的差压阀,静置一段时间后,3 车 3 位高度调整阀仍排气,故障仍未消失。

更换 0234 车 3 车 2 位转向架两个空气弹簧的平均阀,静置 2 h 后,故障消失,高度调整阀高度无变化,高度调整阀无排气。经拆解平均阀后发现平均阀内部因异物导致卡滞,使两个空气弹簧气路导通,当两个空气弹簧压力不同时,压力高的空气弹簧的压缩空气往压力低的空气弹簧流动,造成低压力的空气弹簧升高,当升高到一定程度后,在高度调整杆及水平杠杆的作用下,使高度调整阀排气。

任务 3.2　电气部件原理及故障分析

3.2.1　继电器结构及工作原理

继电器是一种根据电或非电信号的变化,接通或断开小电流电路,实现自动控制和保护电力拖动装置的电器。继电器主要是用来感知信号的,一般不用来直接控制大电流的主电路,而用于小电流的控制电路中,它们的分断能力很小,一般在 5 A 或 5 A 以下。继电器的用途广泛、种类繁多,常用的有热继电器、时间继电器、中间继电器和速度继电器等。

(1)热继电器

热继电器是利用电流的热效应原理来切断电路的一种自动电器,是专门用来对连续运行的电动机实现过载保护、断相保护、电流不平衡保护及其他电气设备发热状态的控制。

①热继电器的结构及工作原理。常用的热继电器有 JR0 和 JR16 系列。热继电器的外形、结构和图形符号如图 3.1 所示。

（a）外形

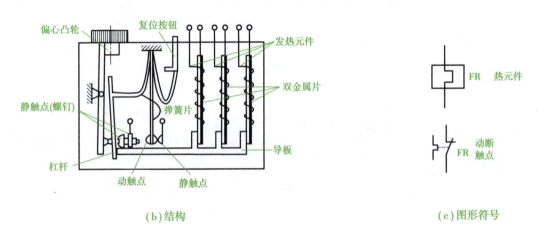

偏心凸轮　复位按钮　发热元件　双金属片　弹簧片　静触点(螺钉)　杠杆　动触点　静触点　导板

FR　热元件
FR　动断触点

（b）结构　　　　　　　　　（c）图形符号

图 3.1　JR16 系列热继电器

　　热继电器主要由发热元件、双金属片、动作机构、触点、复位按钮和电流整定装置等组成。使用时,将三相发热元件分别串接在电动机的三相主电路中,动断触点串接在控制电路中。当电动机过载流过发热元件的电流超过热继电器的整定电流,双金属片受热弯曲程度达一定幅度时,导板推动杠杆使热继电器的触点动作,动断触点断开,将控制电路断开,使接触器的线圈断电,从而断开电动机主电路。

　　②热继电器的选用。

　　a.根据电动机的额定电流选择热继电器的规格。一般应使热继电器的电流略大于电动机的额定电流。

　　b.根据需要的整定电流值选择发热元件的编号和电流等级。一般情况下,发热元件的整定电流为电动机额定电流的 0.95～1.05 倍。

　　c.根据电动机定子绕组的连接方式选择热继电器的结构形式。定子绕组为 Y 形连接的电动机选用普通三相结构的热继电器,而 △ 形连接的电动机应选用三相结构的带断相保护的热继电器。

　　③热继电器的安装和使用。

　　a.热继电器必须按照产品说明书中规定的方式安装。当与其他电器安装在一起时,应注意将热继电器安装在其他电器的下方,以免其动作特性受到其他电器发热的影响。

b. 热继电器安装时应清除触点表面尘污,以免因接触电阻过大或电路不通而影响继电器的动作性能。

c. 热继电器在出厂时均调整为手动复位方式,如果需要自动复位,只要将复位螺钉顺时针方向旋转3~4圈,并稍微拧紧即可。

d. 热继电器在使用中应定期用布擦净尘埃和污垢,若发现双金属片上有锈斑,应用清洁棉布蘸汽油轻轻擦除,切忌用砂纸打磨。

④热继电器的常见故障与处理。

热继电器的常见故障与处理方法见表3.1。

表3.1　热继电器的常见故障与处理方法

序号	故障现象	原因分析	排除方法
1	热元件烧断	①负载侧短路,电流过大 ②操作频率过高	①排除故障,更换热继电器 ②更换合适参数的热继电器
2	热继电器不动作	①额定电流值选用不合适 ②整定值偏大 ③动作触点接触不良 ④热元件烧断或脱焊 ⑤动作机构卡阻 ⑥导板脱出	①按保护容量合理选择 ②合理调整整定值 ③消除接触不良因素 ④更换热继电器 ⑤消除卡阻因素 ⑥重新放入并调试
3	热继电器动作不稳定,时快时慢	①内部机构某些部件松动 ②在检修中弯折了双金属片 ③通电电流波动太大	①将松动部件紧固 ②用两倍电流预试几次,或将双金属片拆下来热处理(一般约240 ℃)以去除应力 ③检查电源电压
4	热继电器动作太快	①整定值偏小 ②连接导线太细 ③操作频率太高 ④使用场合有强烈的冲击和振动	①合理调整整定值 ②选用标准导线 ③更换合适的型号 ④选用防振动的或采取防振措施
5	主电路不通	①热元件烧坏 ②接线螺钉松动或脱落	①更换热元件或热继电器 ②紧固接线螺钉
6	控制电路不通	①触点烧坏或动触点簧片弹性消失 ②热继电器动作后未复位	①更换触点或簧片 ②按下复位按钮

(2)时间继电器

时间继电器是一种根据电磁原理或机械动作原理来实现触点系统延时接通或断开的自动切换电器。在需要按时间顺序进行控制的电气控制电路中得到广泛应用。时间继电器的种类很多,按动作原理分为电磁式、空气阻尼式、电动式、晶体管式等;按延时方式分为通电延时型和断电延时型两种。常见时间继电器的外形与图形符号如图3.2所示。

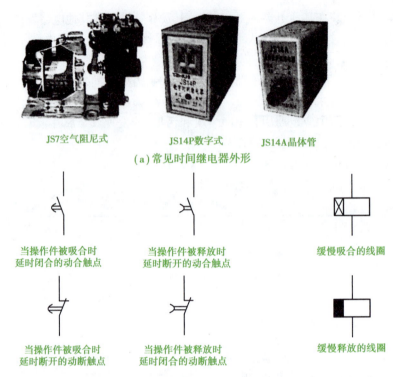

JS7空气阻尼式   JS14P数字式   JS14A晶体管

(a) 常见时间继电器外形

当操作件被吸合时   当操作件被释放时   缓慢吸合的线圈
延时闭合的动合触点   延时断开的动合触点

当操作件被吸合时   当操作件被释放时   缓慢释放的线圈
延时断开的动断触点   延时闭合的动断触点

(b) 时间继电器图形符号(文字符号为KT)

图 3.2　时间继电器的外形与图形符号

①时间继电器的结构。目前在电力拖动系统中应用较多的是 JS7-A 系列阻尼式时间继电器,其结构如图 3.3 所示。

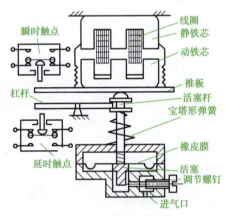

瞬时触点　　　　　　　　　　　　　　线圈
　　　　　　　　　　　　　　　　　静铁芯
　　　　　　　　　　　　　　　　　动铁芯

　　　　　　　　　　　　　　　　　推板
杠杆　　　　　　　　　　　　　　活塞杆
　　　　　　　　　　　　　　　　宝塔形弹簧

　　　　　　　　　　　　　　　　　橡皮膜

延时触点　　　　　　　　　　　　活塞
　　　　　　　　　　　　　　　调节螺钉

　　　　　　　　　　　进气口

图 3.3　JS7-A 系列阻尼时间继电器结构

②空气阻尼式时间继电器结构。空气阻尼式时间继电器又称气囊式时间继电器,利用气囊中的空气通过小孔节流的原理来获得延时动作。它主要由电磁系统、触点系统、空气室、传动机构等组成。当线圈通电后,静铁芯将动铁芯吸合,带动推板动作,瞬时触点动作;同时活塞杆在宝塔形弹簧的作用下向上移动,带动活塞及橡皮膜向上移动,橡皮膜下方空气室内的空气变得稀薄,形成负压,活塞杆只能缓慢移动,经过一段时间延时后,活塞

杆通过杠杆压动延时触点使其动作,起通电延时作用,其延时长短可通过调节螺钉调节进气口大小来改变。

若将通电延时型时间继电器的电磁机构翻转180°安装即成为断电延时型时间继电器,当衔铁位于静铁芯和延时机构中间时为通电延时型;当静铁芯位于衔铁和延时机构中间时为断电延时型。

③时间继电器的选用。

a.根据系统的延时范围和精度选择时间继电器的类型和系列。在精度要求不高的场合,一般可选用价格较低的空气阻尼式时间继电器;反之,对精度要求较高的场合,可选用晶体管式时间继电器。

b.根据控制线路的要求选择时间继电器的延时方式(通电延时或断电延时)。

c.根据控制线路的电压选择时间继电器线圈的电压。

④时间继电器的安装和使用。

a.时间继电器应按照说明书中规定的方向安装。无论是通电延时型还是断电延时型,都必须使继电器在断电释放时,衔铁的运动方向垂直向下,其倾斜度不得超过5°。

b.时间继电器的整定值,应预先在不通电时整定好,并在试车时校正。

c.应经常清除灰尘和油污,否则延时误差将较大。

⑤时间继电器的常见故障与处理。JS7-A系列空气阻尼式时间继电器的常见故障及处理方法见表3.2。

表3.2　JS7-A系列空气阻尼式时间继电器的常见故障及处理方法

序号	故障现象	原因分析	排除方法
1	瞬时触点不动作	①电磁线圈断线 ②电源电压过低 ③传动机构卡住或损坏	①更换线圈 ②调高电源电压 ③排除卡阻故障或更换部件
2	延时时间缩短	①气室装配不严,漏气 ②橡皮膜损坏	①修理或更换气室 ②更换橡皮膜
3	延时时间变长	气室内有灰尘,使气道阻塞	清除气室内灰尘,使气道畅通

3.2.2　电机结构及原理概述

1)电机结构的定义

电机是一种机电能量转换或信号转换的电磁机械装置。就能量转换的功能来看,电机可分为两大类:第一类是发电机,它把机械能转换为电能;通过原动机先把各类一次能源蕴藏的能量转换为机械能,然后通过发电机把机械能转换为电能,经输、配电网络送往城市各工矿企业、家庭等各种用电场合。第二类是电动机,它把电能转换为机械能,用来驱动各种用途的生产机械和其他装置,以满足不同的需求。

2) 直流电动机的工作原理和结构

(1) 直流电动机的工作原理

图 3.4 为一台最简单的直流电动机模型,N 和 S 是一对固定的主磁极,主磁极上绕有励磁绕组,磁极之间有一个可以转动的电枢铁芯,其表面固定了电枢线圈 *abcd*。与电枢线圈两端相连的是两个半圆形相互绝缘的换向铜片,即换向器。有两个固定的电刷 A 和 B 通过弹簧压在换向器上,以实现外电路与转子电路的滑动连接。

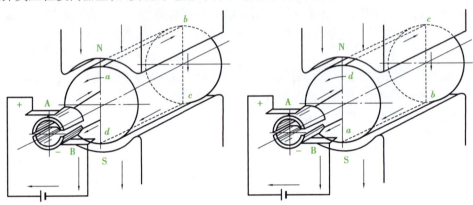

图 3.4 直流电动机的工作原理

直流电源加到电刷 A 和 B 上后,就会有电流流过线圈,其方向为 *abcd*,因导体 *ab* 和 *cd* 分别处在主磁极 N 和 S 下,由左手定则可知,电枢导体将产生一个逆时针方向的电磁转矩,驱动转子按逆时针方向旋转。当电枢转过 180°后,导体 *ab* 转到 S 极下,导体 *cd* 转到 N 极下,因电流从电刷 A 流进,这时线圈中的电流方向变成 *dcba*,由左手定则判断,电磁转矩的方向还是逆时针方向。

由此可见,直流电动机借助电刷和换向器的作用,把电源的直流电转变为电枢绕组中的交流电,保持电磁转矩的方向不变,确保直流电动机朝一定的方向连续旋转。

(2) 直流电动机的结构

直流电动机由定子和转子(电枢)两部分组成。图 3.5 是小型直流电动机的结构图。

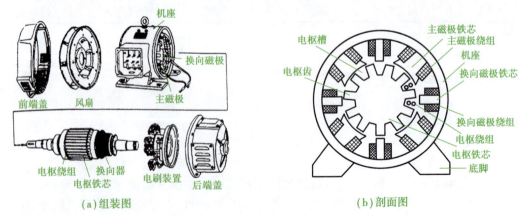

图 3.5 直流电动机的结构

①定子部分。电动机的外壳称为机座,机座一方面用来固定主磁极、换向极、端盖,并

起到整个电动机的支承和固定作用;另一方面也是磁路的一部分,在相邻磁极之间构成磁通的路径。为保证具有足够的机械强度和良好的导磁性能,机座一般用铸钢铸成。

主磁极的作用是产生气隙主磁场,励磁电动机主磁极由铁芯和励磁绕组组成,固定在机座的内圆周上。永磁电动机的主磁极直接由不同极性的永久磁体组成。

相邻两个主磁极之间的小磁极称为换向极,其作用是改善换向、减少电刷与换向器之间的火花。换向极由铁芯和绕组构成。其励磁绕组的匝数较少,并与电枢绕组串联。

电刷的作用是连接旋转的电枢电路与静止的外电路。电刷装置由电刷、刷握、刷杆等组成。

②转子(电枢)部分。电枢铁芯用来嵌放电枢绕组,也是磁路的一部分。电枢铁芯用0.5 mm 厚的硅钢片冲制叠压而成,叠成的铁芯固定在转轴上。电枢绕组的作用是产生电磁转矩和感应电动势,是直流电动机进行机电能量转换的关键部件。它由许多线圈按一定规律连接而成,每个线圈的两头都连在换向器上。

换向器是由许多换向片组成的圆柱体,换向片之间用云母片绝缘。其作用是实现交直流的转换。

直流电动机一般按励磁方式(即励磁绕组的供电方式)进行分类,可分为他励直流电动机、并励直流电动机、串励直流电动机和复励直流电动机。直流电动机的励磁方式不同,其性能和应用场合也不同。

3)单相异步电动机结构和特点

由单相交流电源供电的异步电动机称为单相异步电动机。单相异步电动机因结构简单、成本低廉、运行可靠,只需单相交流电源等优点,因此,被广泛应用于家用电器、电动工具、医疗器械等方面,如电扇、空调器、吸尘器等。

(1)单相异步电动机的结构

单相异步电动机的结构和三相异步电动机的结构相似,如图3.6 所示。

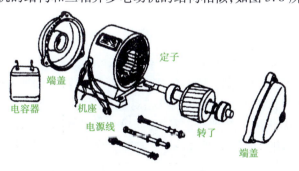

图 3.6　单相异步电动机的结构

①机座。一般用铸铁制作,起固定与支撑作用。

②铁芯。铁芯包括定子铁芯和转子铁芯,是用来构成电动机的磁路。铁芯多用0.35 mm 和 0.5 mm 厚的硅钢片叠压而成。

③绕组。单相异步电动机定子绕组通常做成两相:主绕组(工作绕组)和副绕组(起动绕组)。两种绕组的中轴线错开一定的电角度,目的是改善起动性能和运行性能。定子绕组采用高强度聚酯漆包线绕制,转子绕组一般采用笼型绕组,常用铝压铸而成。

④起动开关。除了电容运转电动机外,在起动过程中,当转子转速达到同步转速的

80%左右时,常借助起动开关切除起动绕组或起动电容器。

⑤离心开关。离心开关是一种常用的起动开关,一般安装在电动机端盖边的转子上。当电动机转子静止或转速较低时,离心开关的触点在弹簧的压力下处于接通位置;当电动机转速达到一定值后,离心开关中的重球产生的离心力大于弹簧的弹力,则重球带动触点向右移动,触点断开,如图3.7所示。

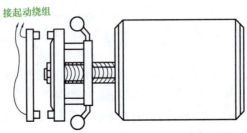

图3.7　离心开关

(2)单相异步电动机的工作特点

①单相绕组的脉动磁场。单相异步电动机的工作绕组中通入单相交流电后,将产生一个在空间位置不变、大小和方向随交流电流而变化,但磁场的轴线固定不变,具有脉动特性的脉动磁场,如图3.8所示。

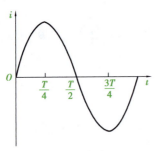

(a)交流电流波形　　　(b)电流正半周产生的磁场　　　(c)电流负半周产生的磁场

图3.8　单相绕组的脉动磁场

由于磁场只是脉动而不旋转,因此单相异步电动机的转子如果原来静止不动,则在脉动磁场作用下,转子导体因与磁场之间没有相对运动而不产生感应电动势和电流,也就不存在电磁力的作用,因此转子仍然静止不动,即单相单绕组异步电动机没有起动转矩,不能自行起动。这是单相异步电动机的一个主要缺点。如果用外力拨动电动机的转子,则转子导体就切割定子脉动磁场,从而有电动势和电流产生,并将在磁场中受到力的作用,与三相异步电动机转动的原理一样,转子将顺着拨动的方向转动起来。因此,要使单相异步电动机具有实际使用价值,就必须解决电动机的起动问题。

②两相绕组的旋转磁场。为了解决单相异步电动机的起动问题,常用的方法是在电动机中增加一相启动绕组。如果工作绕组与启动绕组对称,即匝数相等、空间互差90°,通入相位差90°的两相交流电时,则可产生旋转磁场,转子便能自动起动,如图3.9所示。转动后的单相异步电动机,切除起动绕组后仍可继续运行。

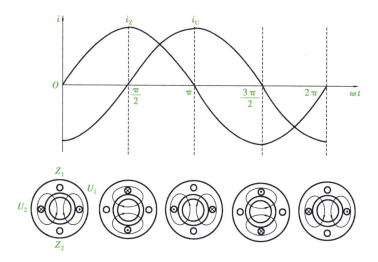

图 3.9　两相绕组产生的旋转磁场

以上起动方法称为单项异步电动机的分相起动,即把单相交流电变为两相交流电,从而在单相异步电动机内部建立一个旋转磁场。

③单相异步电动机的分类。根据起动方式的不同,单相异步电动机可分为分相式和罩极式两种。其中,分相式又可分为单相电阻起动异步电动机、单相电容启动异步电动机、单相电容运行异步电动机、单相电容起动与运行异步电动机等。

4)三相异步电动机的工作原理和结构

(1)三相异步电动机的工作原理

三相异步电动机的定子绕组通入三相交流电后,在气隙中产生旋转磁场,通过电磁感应,在转子绕组中产生感应电动势和电流,该电流与旋转磁场作用产生电磁转矩,从而驱动转子旋转。

①三相异步电动机旋转磁场的产生。

图 3.10 为三相异步电动机的三相定子绕组,其对称地嵌放在定子铁芯槽中,并接成星形。三相绕组接到三相对称交流电源后,产生三相对称交流电流。它们将产生各自的交变磁场,3 个交变磁场合成 1 个两极旋转磁场,如图 3.11 所示。各绕组中电流为正时,电流参考方向为从首端 U1,V1,W1 流入,从末端 U2,V2,W2 流出;各绕组中电流为负时,则为从末端流入,从首端流出。

从图 3.12 中可以看出,空间上排列互差 120°的三相对称绕组通入三相对称交流电后产生一对磁极的旋转磁场,电流变化一个周期,该旋转磁场在空间旋转一周即 2π 弧度。

旋转磁场的磁极对数 p 与定子绕组的空间排列有关,通过适当的安排,可以制成多对磁极的旋转磁场。

根据以上分析,电流变化一个周期,两极旋转磁场($p=1$)在空间旋转 1 周。若电流频率为 f_1,则旋转磁场转速 $n_1=60f_1$。若使定子旋转磁场为 4 极($p=2$),可以证明电流变化一个周期,旋转磁场旋转半周(180°),则 $n_1=\dfrac{60f_1}{2}$。

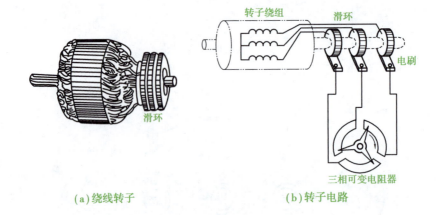

（a）绕线转子　　　　　　　　　（b）转子电路

图 3.10　绕线型转子及其电路

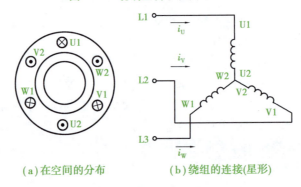

（a）在空间的分布　　　　　（b）绕组的连接(星形)

图 3.11　简化的定子绕组

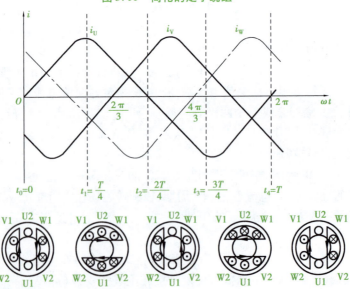

图 3.12　旋转磁场的产生

由此可以看出,三相对称交流电流流过三相对称绕组产生旋转磁场。转向取决于电流的相序,任意调换两根电源线即可改变转向。其转速为

$$n_1 = \frac{60f_1}{p}$$

式中　　p——定子绕组的磁极对数；

　　　　f——三相交流电的频率,Hz；

　　　　n——旋转磁场的同步转速,r/min。

②三相异步电动机的旋转原理。

如图 3.13 所示,三相异步电动机的定子绕组通过三相对称交流电后,它产生的旋转磁场以同步转速 n_1 顺时针方向旋转,相当于磁场不动,转子导体逆时针方向切割磁感线,产生感应电动势和感应电流。用右手定则可判定其方向,在转子导体上半部分流出纸面,下半部分流入纸面。有电流的转子导体在旋转磁场中要受到电磁力的作用,用左手定则可判定,转子上半部分导体所受电磁力 F 的方向向右;下半部分导体所受电磁力方向向左。这两个电磁力对转子转轴形成电磁转矩,使转子沿旋转磁场的方向(顺时针),以转速 n_2 旋转。

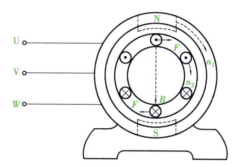

图 3.13　三相异步电动机的工作原理

电动机的转子转动后,如果其转速增加到旋转磁场的转速,则转子导体与旋转磁场间的相对运动消失,转子中的电磁转矩等于零。所以三相异步电动机工作时,转子的转速 n 不能等于旋转磁场的转速 n_1,因此得名“异步”。又因转子导体中的电动势、电流是从定子电路中感应而来的,所以又称为感应电动机。

③转差率。

综上所述,异步电动机工作时,转子与旋转磁场之间有一个转速差,简称转差。它反映了转子导体切割磁感线的快慢程度。为了便于比较不同磁极对数的电动机,引入转差率的概念。其定义为转差 $n_1 - n$ 与旋转磁场转速 n_1 的比值,通常用 s 表示,即

$$s = \frac{n_1 - n}{n_1}$$

转差率是分析三相异步电动机性能的一个重要参数。

电动机启动的瞬间,$n = 0$,$s = 1$,转差率最大;随着转速的上升,转差率减少,表明导体切割磁感线的速度下降。当 $n = n_1$ 时,$s = 0$,但由于电动机正常工作时,$n \neq n_1$,因此 $0 < s \leqslant 1$。在额定负载时,中小型异步电动机转差率的范围一般为 $0.02 \sim 0.06$。

④三相异步电动机的工作过程。三相异步电动机的工作原理和变压器相似,即通过电磁感应而工作。异步电动机定子绕组与转子绕组之间的关系与变压器一次绕组、二次绕组之间的关系有很多相似之处,因此对三相异步电动机的工作过程分析,可参照变压器

的分析方法进行。

空载时,定子绕组中流过的电流称为空载电流 I_0,大小为额定电流的 20% ~ 50% 。异步电动机的空载电流比变压器的空载励磁电流大得多,因此,电动机的空载电流不能忽略。这是因为,一方面异步电动机定子与转子之间有空气隙,旋转磁通两次穿过气隙而闭合,使磁路的磁阻比变压器的要大得多,所以产生工作磁通所需的励磁电流也增大;另一方面电动机空载转动时,除了有铁损耗和铜损耗外,还要产生电磁转矩去克服摩擦阻力。转子需产生一定的感应电流才能维持转动,由能量守恒原理,定子绕组向电源取用的功率随之增大,电动机空载电流也增大。电动机空载电流主要是用来产生工作磁通的励磁电流,使空载时电动机功率因数甚低,一般为 0.2 左右;空载时没有输出机械功率,却有各种损耗,效率很低。

电动机负载运行时,相当于在电动机轴上增加了一个阻转矩,引起电动机转速下降,旋转磁场与转子之间的相对转速增大,转子感应电动势增加,转子绕组感应电流增大,从而产生较大的电磁转矩去带动负载工作。由于转子绕组感应电流增大,定子绕组也要从电源输入较大的电流。异步电动机旋转磁场磁通就相当于变压器的工作磁通,也在定子每相绕组中产生感应电动势,只要外加电压一定,就应保持不变。转子绕组电流产生的磁通势必须由定子绕组所产生的磁通势与之平衡,因此转子电流增大,定子绕组电流也必然增大。可见电动机的转速和电流都是随负载变化的,异步电动机输出机械功率增加时,定子绕组从电源取用的电流将随之增加,即输入功率随之增大,电动机转速相应下降,电流也相应增大。

(2)三相异步电动机的结构

三相异步电动机主要由定子和转子两部分组成。静止部分称为定子,旋转部分称为转子,三相笼型异步电动机的组成部件如图 3.14 所示。

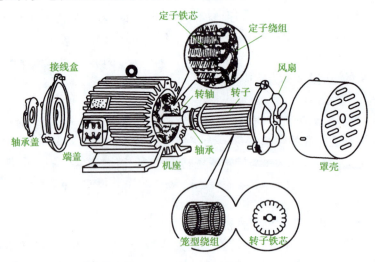

图 3.14　三相笼型异步电动机的组成部件

①定子。由定子铁芯、定子绕组和机座 3 部分组成。定子铁芯是异步电动机磁路的一部分。它是由 0.5 mm 厚的硅钢片冲制、叠压而成的,紧紧地装在机座的内部。在定子铁芯的内圈上开有均匀分布的槽,用以放置定子绕组。

定子绕组是电动机的电路部分。定子绕组是由许多线圈按一定规律连接而成的。小型三相异步电动机的定子绕组通常由高强度漆包线绕制而成。

机座的主要作用是固定定子铁芯和端盖,中小型电动机的机座通常采用铸铁制作,而大型电动机的机座则由钢板焊接而成。

②转子。由转子铁芯、转子绕组和转轴组成。转子铁芯也是电动机磁路的一部分,由0.5 mm厚的硅钢片冲制,叠压而成。转子铁芯与定子铁芯之间有一个很小的气隙。转子铁芯的外圆上冲有均匀分布的槽,用来放置转子绕组。

转子绕组的作用是产生感应电动势和电磁转矩。根据其结构的不同,转子绕组分为笼型和绕线型两大类。

笼型转子的每一个槽内都有一根裸导体,在伸出铁芯两端的槽口处,用两个端环把所有导体连接起来。导体和端环可以用熔化的铝液整体浇注出来。

与定子绕组相似,绕线型转子也是三相对称绕组,一般都接成星形连接。三相绕组的3根引出线接到转轴的3个滑环上,通过电刷与外电路相连,如图3.15所示。

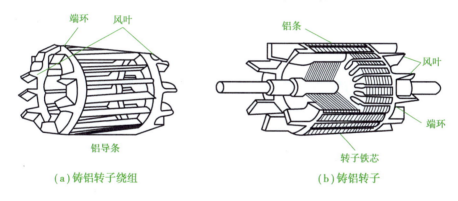

(a)铸铝转子绕组　　　　　　　　　(b)铸铝转子

图 3.15　铸铝转子结构

绕线型异步电动机的转子结构比笼型异步电动机的转子结构复杂,但绕线型异步电动机能获得较好的起动与调速性能,在需要大起动转矩时(如起重机械)往往采用绕线型异步电动机。

3.2.3　变压器结构及原理概述

1)单相变压器

(1)变压器的基本结构

变压器是一种静止的电气设备,利用电磁感应原理,将某一数值的交变电压变换为同频率的另一数值的交变电压。它主要由铁芯和绕组组成。

①铁芯:变压器的磁路部分,可作为变压器的机械骨架。为了减少铁芯内部的涡流损耗和磁滞损耗,铁芯一般用0.3 ~ 0.5 mm厚的冷轧硅钢片叠成,片间彼此绝缘。

如图3.16所示,变压器的铁芯一般分为心式和壳式两大类。心式变压器在两侧铁芯柱上安置绕组,这种结构方式有较多的空间装设绝缘,装配容易,且用铁量较少,适用于容量大、电压高的变压器,一般电力变压器均采用心式结构。壳式变压器在中间铁芯柱上安置绕组,这种结构的变压器机械强度较好,铁芯容易散热,但用铁量较多,制造也较为复杂,小型干式变压器多采用这种结构形式。

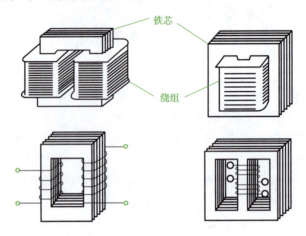

图 3.16　心式和壳式变压器

②绕组:变压器的电路部分。它由绝缘铜线或绝缘铝线绕制而成,套在铁芯上。变压器一般有两个或两个以上绕组,接电源的绕组称为一次绕组(或原绕组),接负载的绕组称为二次绕组(或副绕组)。

按绕组绕制的方式不同,可分为同心式绕组和交叠式绕组两种类型,其结构如图 3.17 所示。同心式绕组是将一次、二次绕组套在同一铁芯柱的内外层,一般低压绕组在内层,高压绕组在外层,绕组的层间留有油道,以利绝缘和散热,大多数电力变压器采用同心式绕组。交叠式绕组是将高、低压绕组绕成饼状,沿铁芯轴向交叠放置,一般最上层和最下层放置低压绕组,以利于绝缘,此种绕组大多用于壳式变压器中。

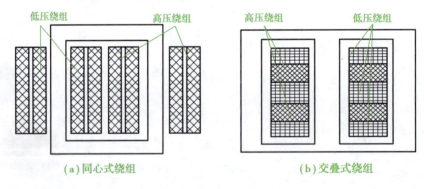

(a)同心式绕组　　　　　　　　(b)交叠式绕组

图 3.17　同心式和交叠式绕组

(2)变压器的基本工作原理

变压器的铁芯具有很强的导磁性能,它能把绝大部分磁通约束在铁芯组成的闭合路径中。在分析原理时主要考虑主磁通。

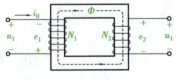

图 3.18　变压器空载运行原理图

①变压器变电压的原理。变压器空载运行是指一次绕组接电源,二次绕组开路的状态。图 3.18 为变压器空载运行原理图。空载时,在外加电压 u_1 作用下,一次绕组中通过的电流称空载电流 i_0。在空载电流 i_0 的作用下,铁芯中产生交变的主磁通 Φ,主磁通 Φ 同时穿

过一次绕组、二次绕组,根据电磁感应定律,在一次绕组中产生自感电动势 e_1,在二次绕组中产生互感电动势 e_2。

通过数学分析可得,感应电动势和磁通有以下关系:

在相位上,感应电动势滞后于磁通 90°;在数值上,其有效值为

$$E_1 = 4.44fN_1\Phi_m \quad\quad\quad (3.1)$$

$$E_2 = 4.44fN_2\Phi_m \quad\quad\quad (3.2)$$

式中　Φ_m——交变磁通最大值;

　　　N_1——一次绕组匝数;

　　　N_2——二次绕组匝数;

　　　f——交流电频率。

由式(3.1)和式(3.2)可得

$$\frac{E_1}{E_2} = \frac{N_1}{N_2} = K$$

略去一次绕组的阻抗不计,则外加电源电压 U_1 和一次绕组中的感应电动势 E_1 可近似相等。又因空载时端电压 U_2 与电动势 E_2 相等,即

$$\frac{U_1}{U_2} \approx \frac{E_1}{E_2} = \frac{N_1}{N_2} = K \quad\quad\quad (3.3)$$

式(3.3)表明变压器一次电压、二次电压有效值与一次绕组、二次绕组的匝数成正比,比值 K 称为变压比。变压器通过改变一次绕组、二次绕组的匝数之比,就可以很方便地改变输出电压的大小。

由此可以看出,对于某台变压器而言,f 和 N_1 均为常数,因此当加在变压器上的交流电压有效值 U_1 恒定时,则变压器铁芯中的磁通基本上保持不变。

②变压器变电流的原理。变压器一次绕组接额定电压,二次绕组接在负载 Z_L 时,称为变压器的负载运行。图 3.19 为变压器的负载运行原理图。当二次绕组中有电流 i_2 通过时,根据电磁感应定律,一次绕组中的电流也由空载电流 i_0 变为负载时的电流 i_1。

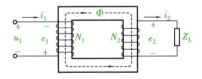

图 3.19　变压器的负载运行原理图

由于变压器的效率一般很高,通常可近似将变压器的输出功率 P_2 与输入功率 P_1 看成相等。因此,当一次绕组电流的有效值为 I_1,二次绕组电流的有效值为 I_2 时,在理想情况下有

$$\frac{I_1}{I_2} \approx \frac{U_2}{U_1} = \frac{1}{K}$$

由上式可知,变压器在改变电压的同时,电流也随之成反比例变化,且一次电流、二次电流之比等于匝数之反比。

③变压器变阻抗的原理。在电子线路中,总希望负载获得最大功率,而负载获得最大功率的条件是负载阻抗等于信号源的内阻,此时称为阻抗匹配。但在实际工作中,负载的

阻抗与信号源内阻一般不相等,这就需要利用变压器进行阻抗匹配,使负载获得最大功率。

设 $|Z_1|$ 为变压器一次绕组输入阻抗, $|Z_2|$ 为二次绕组负载阻抗,则有

$$|Z_1| = K^2 |Z_2|$$

从式中可知,负载阻抗通过变压器接电源时,相当于该阻抗增大了 K^2 倍。

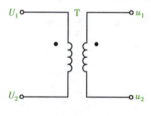
图 3.20 同名端标记

（3）变压器的同名端及其测定

①变压器的同名端。在任何瞬间,两个或两个以上的绕组中感应电动势极性相同的两个端点,称为同名端,同名端也称为同极性端。绕组的同名端取决于绕组的绕向。在电路中,变压器绕组的同名端常用黑点"●"或星号"＊"表示,如图 3.20 所示, U_1 端与 u_1 端为同名端。

在多绕组变压器中,为了得到不同的变化,往往需要将几个绕组串联或并联。连接时,必须注意同名端。若将同名端接错,设备不能正常工作,甚至会造成严重事故。在工程技术中同名端是非常重要的。

②变压器同名端的测定。为了测定没有标记的两个绕组的同名端,常用方法有交流法和直流法。

A.交流法。如图 3.21（a）所示,将两个绕组 1—2 和 3—4 的任意两端（如 2 和 4）连接在一起。在任意一个绕组的两端加一个低压交流电压,分别测出 U_1, U_2 和 U_3,若 $U_3 = U_1 - U_2$,则 1 和 3 是同名端;若 $U_3 = U_1 + U_2$,则 1 和 4 是同名端。

B.直流法。将任意一个绕组通过开关 S 接一个 1.5 V 的电池,另一绕组通过万用表的 50 mA 挡构成闭合回路,如图 3.21（b）所示,在开关 S 闭合瞬间,若毫安表指针正向偏转,则 1 和 3 是同名端,若毫安表指针反向偏转,则 1 和 4 是同名端。

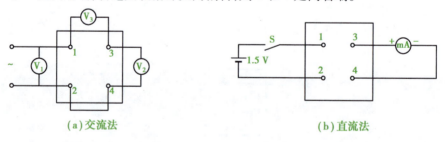

（a）交流法　　　　　　　　　　　　（b）直流法

图 3.21 变压器同名端的测定

（4）变压器的运行特性

变压器对电网来说相当于用电设备,因此希望损耗小、效率高;但对负载来说,它又相当于一个电源,因此要求其供电电压稳定。这种表示变压器运行特性的主要指标有两个:一是效率;二是输出电压的稳定性。

①变压器的外特性:指一次电压为额定值 U_{1N}、负载功率因数 $\cos\varphi$ 一定时,二次端电压 U_2 随负载电流 I_2 变化的关系曲线如图 3.22 所示。

从图 3.22 可以看出,变压器的外特性与负载的大小和

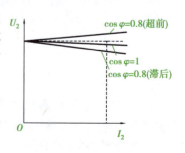

图 3.22 变压器的外特性

性质有关。随着负载的增大,对于纯电阻负载,端电压下降较少;对于电感性负载,端电压下降较多;对于电容性负载,端电压上升。

当负载功率因数过低、输出电流过大时,若是感性负载,将引起输出电压过低;若是容性负载,将引起输出电压过高;两者都会给负载的运行带来不良影响。

②变压器的损耗和效率。

A.变压器的损耗。

变压器的损耗主要有铁损耗和铜损耗。变压器铁芯中磁滞损耗和涡流损耗称为铁损耗。其值在电源电压与频率不变时固定不变,也称为不变损耗。变压器绕组有电阻,电流通过电阻时,在电阻上产生的功率损耗称为铜损耗。其值与电流的平方成正比。铜损耗的大小随负载的变化而变化,称为可变损耗。

B.变压器的效率。

变压器的效率 η 是指它的输出有功功率 P_2 与输入有功功率 P_1 的比值,计算公式为

$$\eta = \frac{P_2}{P_1} \times 100\%$$

变压器的效率比较高,一般电力变压器的效率都在95%以上。同一台变压器在不同负载下效率也不同,当铜损耗等于铁损耗时效率最高。由于铁损耗固定不变,铜损耗随负载而变化。相对而言,减小铁损耗比较重要。要提高变压器的运行效率,变压器不应工作在空载、轻载或过载的状态。

2)三相变压器

电力系统中一般采用三相四线制供电线路,因而广泛采用三相电力变压器来实现电压的变换。在三相电力变压器中,目前使用最广的是油浸式电力变压器。图3.23为S系列电力变压器的外形。

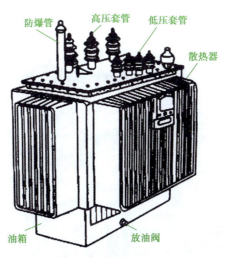

图3.23 S系列电力变压器的外形

三相电力变压器主要由铁芯、绕组、油箱和冷却装置、保护装置等部分组成。

(1)铁芯

铁芯是三相变压器的磁路部分,与单相变压器一样,也是由0.35 mm厚的硅钢片叠

成。20 世纪 70 年代以前生产的电力变压器铁芯采用热轧硅钢片,其主要缺点是变压器体积大、损耗大、效率低。20 世纪 80 年代起生产的新型电力变压器铁芯采用高磁导率、低损耗的冷轧晶粒取向硅钢片制作,以降低损耗,提高变压器效率,这类变压器称为低损耗变压器,以 S7 及 S9 为代表产品。国家电力部规定从 1985 年起,新产生及新上网变压器必须是低损耗电力变压器。三相电力变压器铁芯均采用心式结构,图 3.24 为三相心式变压器铁芯的外形图。

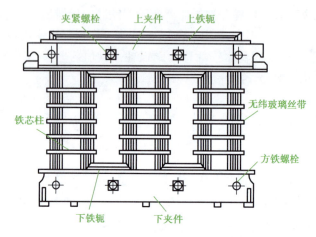

图 3.24　三相心式变压器铁芯的外形图

(2)绕组

绕组是三相电力变压器的电路部分,一般用绝缘纸包的扁铜线或扁铝线绕成。三相电力变压器大多采用同心式绕组结构,绕组制作完成后,将变压器铁芯的上夹件拆开,并将上部的铁轭硅钢片拆去,随后将三相高低压绕组套在三相铁芯柱上,再重新装好上铁轭和上夹件,得到的电力变压器器身如图 3.25 所示。

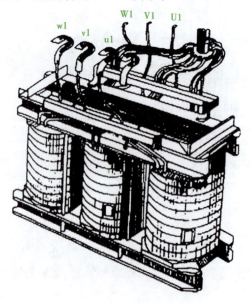

图 3.25　电力变压器器身

（3）油箱及冷却装置

油箱由钢板焊接而成,除放置变压器的器身外,充满了变压器油。变压器油是一种作为绝缘介质和散热媒介的矿物油,老型号电力变压器的油箱箱壁上装置油管,新型号电力变压器多采用片式散热器散热,容量大于 10 000 kV·A 的电力变压器则采用风吹冷却或强迫油循环冷却装置。

较多的电力变压器在油箱的上部安装有储油柜(也称油枕),它是卧式圆筒形容器,通过连接管与油箱相通,其作用是给油的热胀冷缩在油箱外提供一个空间,并减小油与空气的接触面,从而降低变压器油受潮和老化的速度。新型的全充油密封式电力变压器则取消了储油柜,运行时变压器油的体积变化完全由设在侧壁的膨胀式散热器(金属波纹油箱)来补偿,变压器端盖与箱体之间焊为一体,设备免维护,运行安全可靠。

（4）保护装置

①气体继电器。在油箱与储油柜之间的连接管中装有空气继电器。当变压器发生故障时,内部绝缘物气化,使气体继电器动作,发出信号或使开关跳闸。

②防爆管(安全气道)。装在油箱顶部,它是一个长的圆形钢筒,上端用酚醛纸板密封,下端与油箱相通。若变压器内部发生严重故障,继电器失灵时,油箱内突然膨胀的气体使油箱内压力骤增时,油流冲破酚醛纸板,以免造成变压器箱体爆裂。新型变压器则采用压力释放阀的结构形式。

（5）绝缘套管

绝缘套管由瓷质材料制成,把高、低压引线从油箱中引出,以保证带电的引线与接地的油箱绝缘。不同等级的电压,采用的瓷套管结构不同。

（6）分接开关

电力变压器高压绕组有 ±5% 的抽头,通过分接开关改变分接头的连接,以改变高压绕组的匝数,从而调节变压器的输出电压。

3.2.4 典型电力转换

1）整流

将交流电转变成单一方向的直流电的过程,称为整流。整流电路有半波整流和全波整流两种;按电源的相数分有单相整流和三相整流。

（1）单相半波整流

单相半波整流电路如图 3.26 和图 3.27 所示。

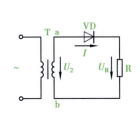

图 3.36　单相半波整流电路

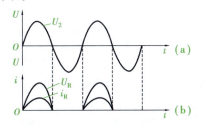

图 3.37　单相半波整流的电压和电流波形

工作原理:图 3.27 为变压器的电压波形,$U_2 = \sqrt{2} U_2 \sin \omega t$。在正半周内,即(a)端为

正、(b)端为负,则二极管为正向偏置而导通,负载两端的电压为 U_2;在 U_2 的负半周时,变压器次级(a)端为负、(b)端为正时,二极管为反向偏置而截止,负载两端的电压为零。随着 U_2 周而复始地变化,负载上就得到如图 3.27 所示的电压和电流波形。因为整流器输出给负载的波形只有输入波形 U_2 的一半,所以称为半波整流。

负载的脉动直流电压的平均值为

$$U_R = 0.45U_2$$

根据欧姆定律,可得负载的电流为

$$I_R = \frac{U_R}{R} = 0.45\frac{U_2}{R}$$

(2)单相全波整流

单相全波整流电路如图 3.28 和图 3.29 所示。

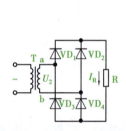

图 3.28　单相全波整流电路

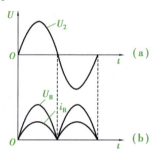

图 3.29　单相全波整流波形

工作原理: $U_2 = \sqrt{2}U_2 \sin \omega t$,是变压器次级电压正弦函数,其波形如图 3.29 所示。在正半周内,变压器 a 端为正,b 端为负,则二极管 VD_1、VD_4 导通,电流从 a 端经 VD_1,R,VD_4 流向 b 端,此时负载的电压为 U_2。在负半周内,变压器次级 a 端为负,b 端为正,VD_2、VD_3 导通(VD_1、VD_4 截止),电流由 b 端经 VD_2,R,VD_3 流向 a 端,负载的电压仍为 U_2。由图可以看出,尽管 U_2 的方向发生了变化,但流过负载的电流始终没有改变。这种整流电路在 U_2 整个周期内都有输出,故称为全波整流电路。

全波整流的输出电压比半波大一倍,即

$$U_R = 0.9U_2$$

2)逆变电路

逆变电路与整流电路相对应,把直流电变成交流电称为逆变。逆变电路可用于构成各种交流电源,在工业中得到广泛应用。

(1)逆变电路简介

当交流侧接在电网上,即交流侧接有电源时,称为有源逆变;当交流侧直接和负载连接时,称为无源逆变。在已有的各种电源中,蓄电池、干电池、太阳能电池等都是直流电源,当需要这些电源向交流负载供电时,就需要逆变电路。另外,交流电机调速用变频器、不间断电源、感应加热电源等电力电子装置使用非常广泛,其电路的核心部分都是逆变电路。其基本作用是在控制电路的控制下将中间直流电路输出的直流电源转换为频率和电压都任意可调的交流电源。

将直流电能变换为交流电能的变换电路。可用于构成各种交流电源,在工业中得到广泛应用。生产中最常见的交流电源是由发电厂供电的公共电网(中国采用线电压方均根值为 380 V,频率为 50 Hz 供电制)。由公共电网向交流负载供电是最普通的供电方式。但随着生产的发展,相当多的用电设备对电源质量和参数有特殊要求,以至于无法由公共电网直接供电。为了满足这些要求,历史上曾经有过电动机-发电机组和离子器件逆变电路。但由于它们的技术经济指标均不如用电力电子器件(如晶闸管等)组成的逆变电路,因而已经或正在被后者所取代。

(2)逆变电路工作原理

桥式逆变电路的开关状态由加在其控制极的电压信号决定,桥式电路的 PN 端加入直流电压 U_d,A,B 端接向负载。当 VT_1,VT_4 打开而 VT_2,VT_3 关合时,$u_0 = U_d$;相反,当 VT_1,VT_4 关闭而 VT_2,VT_3 打开时,$u_0 = -U_d$。于是当桥中各臂以频率 f(由控制极电压信号重复频率决定)轮番通断时,输出电压 u_0 将成为交变方波,其幅值为 U_d。重复频率为 f,如图 3.30 所示,其基波可表示为把幅值为 U_d 的矩形波 u_0 展开成傅里叶级数得

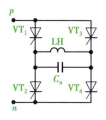

图 3.30 桥式逆变电路

$$u_0 = \frac{4U_d}{\pi}\left(\sin wt + \frac{1}{3}\sin 3wt + \frac{1}{5}\sin 5wt + \cdots\right)$$

由式可见,控制信号频率 f 可以决定输出端频率,改变直流电源电压 U_d 可以改变基波幅值,从而实现逆变的目的。

(3)逆变电路分类

为了满足不同用电设备对交流电源性能参数的不同要求,已发展了多种逆变电路,并大致可按以下方式分类:

①按输出电能的去向可分为有源逆变电路和无源逆变电路。有源逆变电路输出的电能不返回公共交流电网,无源逆变电路输出的电能直接输向用电设备。

②按直流电源性质可分为由电压型直流电源供电的电压型逆变电路和由电流型直流电源供电的电流型逆变电路。

③按主电路的器件可分为由具有自关断能力的全控型器件组成的全控型逆变电路和由无关断能力的半控型器件(如普通晶闸管)组成的半控型逆变电路。半控型逆变电路必须利用换流电压以关断退出导通的器件。若换流电压取自逆变负载端,称为负载换流式逆变电路。这种电路仅适用于容性负载;对于非容性负载,换流电压必须由附设的专门换流电路产生,称自换流式逆变电路。

④按电流波形可分为正弦逆变电路和非正弦逆变电路。正弦逆变电路开关器件中的电流为正弦波,其开关损耗较小,宜工作于较高频率。非正弦逆变电路开关器件中的电流为非正弦波,因其开关损耗较大,故工作频率较正弦逆变电路低。

⑤按输出相数可分为单相逆变电路和多相逆变电路。

任务 3.3　车辆专业理论知识及实操技能

3.3.1　车辆总体

1)车体
①车体采用整体承载结构,在使用期限内能承受正常载荷的作用而不产生永久变形和疲劳损伤,有足够的刚度;在最大垂直载荷作用下车体静挠度不超过两转向架支撑点之间距离的1‰。

②车辆结构设计寿命为30年。

③车体以及安装在车体外部的各种设备的外壳和所有的开孔、门窗、孔盖均能防止雨雪侵入;封闭式的箱、柜须做到密闭良好,机械清洗时不渗水、漏水。

④车辆设有架车支座、车体吊装座,并标注允许架车、起吊的位置,以便于拆装起吊和救援。

⑤列车两端宜设置可调整的排障器。

⑥列车两端的车辆设置防意外冲撞的撞击能量吸收区,保护司机与乘客安全。列车两端一般设置防爬装置。

2)司机室
①司机室视野宽广,能使司机在运行中清楚地瞭望到前方信号、线路接触网(接触轨)、隧道和站台。

②司机室前窗采用不会崩散的安全玻璃,前窗设置刮雨器和遮阳装置,寒冷地区还应采用电加热玻璃。

③司机室侧面设置司机室侧门;在未设置安全通道的线路上运行的列车两端设有紧急疏散门;司机室与科室之间设有通道门,净开宽度不小于550 mm,高度不低于1 800 mm。

④司机室设有司机操纵台,并设有司机室座椅,座椅为软式或半软式,其高度、前后位置可以调节,座椅的设计须满足可让司机在必要时能迅速离开。

⑤司机室照明在地板中央照度为3~5 Lux,司机室控制台面为5~10 Lux。

3)客室
①客室两侧合理布置数量充足的车门,车门净开宽度不小于1 300 mm,高度不低于1 800 mm。

②客室侧门的开闭由司机统一控制,也可由ATC控制,车门还具有非零速自动关门、车门锁闭装置;单个车门具有系统隔离功能;具有客室内解锁、客室外使用钥匙开启、关闭车门功能。具有缓冲及防夹人夹物功能。

③客室两侧设置车窗,布置客室座椅及牢固的立柱、扶手杆和吊环。

④客室内灯光照度在距地面800 mm处平均照度值不低于200 Lux,最低值不低于150 Lux,紧急照明照度不低于10 Lux。

⑤两节车之间设置贯通道,每节车中须设置一处轮椅专用位置。

4)转向架

①车轮采用整体碾钢或弹性车轮,踏面形状符合《机车车辆车轮轮缘踏面外形》(TB/T 449—2016)的要求。

②轴箱密封良好,轴箱温升不超过30 ℃。

③动车转向架牵引电机的安装采用架悬式。

④一系悬挂为金属橡胶弹簧或金属圆弹簧,可配置垂向减震器;二系悬挂为空气弹簧,设有高度自动调整装置;构架和车体之间安装横向减震器和横向止挡。

5)制动系统

①制动系统具有电制动和空气制动两种制动方式,空气制动具有独立的制动能力。

②制动系统具有常用制动、紧急制动功能,具有根据车辆载重调整制动力大小的功能。

③电制动和空气制动协调配合,常用制动充分利用电制动功能并具有冲动限制功能;电制动时优先采用再生制动,电制动不足时空气制动按总制动力要求补充不足的制动力。

④基础制动采用踏面制动或盘形制动装置。

⑤制动系统具有防滑功能。

⑥列车具有停放制动功能,保证在线路最大坡度、最大载荷时施加停放制动列车不溜车,停放制动力仅通过机械方式产生并传递。

⑦列车有两台或两台以上独立的电动空气压缩机组,当一台机组失效时,其余压缩机组能满足整列车的供气要求,压缩机设有干燥器和自动排水装置。储风缸的溶剂满足压缩机停止后列车3次紧急制动的用风量。

⑧压缩空气管路须采用不锈钢或铜材料。

6)联结装置

车钩形式:列车中固定编组的各车辆间设半永久牵引杆或密接式半自动车钩,司机室前端设密接式自动车钩或密接式半自动车钩。

联结装置中有缓冲装置,其特性能有效吸收撞击能量,缓和冲击。该装置可承受能完全复原的最大冲击速度为5 km/h。

车钩水平中心线距轨面高可采用720 mm或660 mm。一般情况下,同一城市地铁车辆采用统一尺寸。

7)电气系统

①电力牵引采用变频调压的交流传动系统。

②电气系统有良好的绝缘保护。

③各电路电流回线独立连接到回流排上,回流排与车体任何裸露导电部件绝缘。

④牵引系统能充分利用轮轨黏着条件,按照车辆载重量自动调整牵引力或电制动力的大小,具有反应及时的防空转控制、防滑行控制和防冲动控制。

⑤受电弓受电的列车设避雷装置,受电弓接触压力为100～140 N,受流器接触压力为120～180 N。

⑥蓄电池容量满足车辆在故障情况下的应急照明、应急通风、通信、广播等系统工作不低于45 min;地面与高架线路不低于30 min。

8)空气调节及采暖装置

①空调制冷能力满足在环境温度为 33 ℃时,车内温度不高于(28±1)℃,相对湿度不超过 65%。

②空调采用集中控制方式,同步指令控制,分时顺序启动。

③空调机组有可靠的排水结构,确保在运用中凝结水及雨水不渗漏或吹入客室内。

④在额定载客时,空调系统能保证人均新风量不少于 10 m^3/h。

⑤用于冬季寒冷地区的车辆设取暖设备,采暖设备能根据需要按不同工作挡位调节温度,运行时维持司机室温度不低于 14 ℃。

9)安全设施

①司机室内设置客室侧门开闭状态显示和车载信号显示装置,便于司机观察;司机台设置紧急停车操纵装置和警惕按钮。

②车辆设有自动防护系统(ATP)或列车自动防护系统(ATP)与自动驾驶系统(ATO)。

③司机室前端设有远近光变换的前照灯,前照灯在车辆前端紧急制停距离处照度不小于 2 Lux;列车尾端外壁设有可视距离足够的红色防护灯;列车设有鸣笛装置。

④车内设有各种警示标识和灭火器具。

⑤车辆具有在特殊情况下紧急疏散乘客的能力。

3.3.2 车体及内装布置

1)车体

(1)车体的作用与分类

车体是容纳乘客和司机驾驶的部分,也是安装和连接其他设备及组件的基础。

①按照车体所使用材料可分为普通碳钢车体、高耐候结构钢车体、不锈钢车体和铝合金车体。

②按照车体结构有无司机室可分为带司机室车体和无司机室车体两种。

③按照车体尺寸可分为 A 型车车体、B 型车车体和 C 型车车体。

④按照车体结构工艺不同可分为一体化结构和模块化结构。

⑤按照车体的承载方式不同可分为有底架承载、侧墙承载和整体承载 3 种方式。

⑥按照车体的结构形式可分为板梁组合结构、开口型材与大型中空型材组合结构、大型中空型材结构 3 种形式,这些结构都属于整体承载结构。

⑦按照车体的连接方式不同可分为焊接、铆接、螺栓连接或混合连接结构。我国和日本大多采用焊接结构,欧洲多采用焊接、铆接或焊接、螺栓连接结构。

(2)车体主要技术参数

车体主要技术参数见表3.3。

(3)车体的结构与组成

①车顶:由几个空腔部分按照纵向排列组成,包括拱形顶梁。每节车顶主要装有静通风口、空调设备及其换气连接、电力供应、排水装置,动车车顶还装有受电弓及其连接装置。

②底架:主要作用是承受车体上部载荷并传递给整个车体,承受因各种原因引起的横

向力和走行部传来的各种振动与冲击。在底架组成上设有架车位、吊车位和复轨位。在头车底架的一位端(司机室)设有能量吸收装置和防爬器,用来吸收车辆撞击产生的能量。

表 3.3　车体主要技术参数

车体静态压缩载荷:	120 t
车辆长度(车钩连接面之间的长度)	
A 车	$23\ 690^{+15}_{-10}$($\leqslant 24\ 400\ mm$)
B、C 车	$22\ 100^{+15}_{-10}$ mm($\leqslant 22\ 800\ mm$)
列车长度	$\leqslant 140\ 000\ mm$
包括门槛在内的车辆宽度	3 000 mm
车辆最宽部分宽度	$3\ 000^{+0}_{-8}$ mm
车体内部宽度	
在两内墙之间的地板面测量	$2\ 720^{+4}_{-0}$ mm
在客室两边门之间高于地板面 10 mm 处测量	$\geqslant 2\ 800\ mm$
车辆高度(轨面到车顶高度,新轮,不含受电弓)	
不含排气口	3 800 mm
含排气口	$\leqslant 3\ 860\ mm$
受电弓落弓时高度	$\leqslant 3\ 810\ mm$
车体内中心高度(客室内净空高度)	
地板面到天花板中心最小高度	2 100 mm
室内乘客站立区最小高度	1 900 mm
轨面到地板面高度(空气弹簧充分充气,新轮,空载)	$1\ 130^{+15}_{-5}$ mm

③侧墙:由多个空腔结构按纵向分布组成,主要由侧立柱、窗横梁(上、下横梁)、门扣铁、侧墙板(上、中、下墙板)、门上横梁、侧墙下边梁等主要零部件组成。

④端墙:车辆端部为简单的焊接结构,过渡设备用框架固定。端墙主要用于连接贯通通道和空调单元。

⑤客室:每节车厢每一侧都有座椅,设备柜和电气柜也安装在客室内。

⑥司机室:仅头车和尾车设置了全宽的司机室。

(4)车体材料与轻量化设计

减轻车辆的自重一直是交通运输部门长期以来奋斗的目标,减轻自重不仅可以节约材料、减少牵引动力的消耗,还可以减轻车辆走行部和线路的磨耗,延长使用寿命,带来巨大的经济效益。一般车体承载结构的质量占车辆自重的20%~25%,因此,研究车体承载结构的轻量化具有很大的现实意义。

车体结构按使用的主要材料可分为普通碳钢车体、高耐候结构钢车体、不锈钢车体和铝合金车体。

传统的电客车车体均采用由普通碳素钢制成的有众多纵、横型材构成的骨架和外包板结构,形成一个筒形薄壳整体承载结构,一般自重达到 10 ~ 13 t。且普通碳素钢车体在使用过程中腐蚀十分严重,增加了维修的工作量和费用。为提高车体的耐腐蚀性能,延长车体使用寿命,现在推广使用含有铜或镍铬等合金元素的低合金钢材料,这样可以使车体钢结构自重减轻 10% ~ 15%。

如果采用半不锈钢或全不锈钢车体,在保证强度、刚度的前提下,板厚可以减小,从而达到车体薄壁化、轻量化,同时也提高了使用寿命。一般不锈钢车体自重比普通碳素钢可以减轻 1 ~ 2 t。

为进一步实现车体的轻量化,德、日、英等国在近代的高速列车、地铁车、轻轨车和近郊客车上采用了铝合金车体。由于铝合金的比重仅为钢的 1/3,弹性模量也是钢的 1/3,为了充分发挥材料的承载能力,铝合金车体在结构形式上与钢车体有很大的差异。铝合金车体的主要承载构件一般采用大型中空截面的挤压铭型材制造,以提高构件的刚度,充分发挥材料的承载性能,达到最大限度地减轻车体自重的效果。

全车的底架、侧墙、车顶均采用大型中空截面的挤压铝型材拼焊而成,比钢制车体的焊接工作量减少了 40%,制造工艺大为简化,质量可以减小 3 ~ 5 t,同时可以保证车体承载结构在使用期内(一般 25 ~ 30 年)不需要维修或少维修。

以广州地铁一号线车辆为例,其车体结构也是轻量化结构,采用大断面铝合金挤压型材制造,这种挤压型材是由两块铝板通过中间夹层连接,且中间没有基板,因此也被称为“中空型材”。

车体的设计为管状形,所有纵断面都按纵向焊接在一起,这种形式的设计称作为“一体化设计”。该设计采用了“差别”设计(使用小的铝型材和板材)原理并基于车体的硬度高且采用最少的原料的原则。因此,车体质量较小,每节车厢为 7 000 kg,这种质量小的特点对于运载大批量的乘客是非常有利的。

2)车体上安装的部件

(1)车钩和缓冲装置

在头车和尾车司机室端装有自动车钩装置,以及防止冲击损伤车体内的装置,车钩用紧固件直接固定在底架上。

(2)贯通道

贯通道使两辆车之间实现柔性连接,并使乘客可以在车厢之间流动均匀分布,它可以挡风雨、防水隔音并且是运行可靠的通道。

贯通道由两个配对可分解的波纹形折篷、两块装在车辆端的渡板以及承载在车钩上的滑动支承组成。

(3)车门和车窗

车体每侧都装有对开门和车窗,设有机械门锁使两扇门页在全关闭位置时锁闭。

司机室设有两个侧门,分别位于左侧和右侧,司机从车外可通过侧门进入司机室。从车内和车外均可将车门锁住或打开。车门上装有车窗。每个司机室设有电热式前窗玻璃,采用强化安全玻璃制造。前窗可通过控制旋钮(接通位或关断位)开关进行加热。

(4)安全疏散梯

安全疏散梯设在前端墙,底部铰接于车体,将插闩拉开后,疏散梯可向前倒向轨道。如果列车因故不能行驶到下一车站时,可作疏散乘客下车使用。

3）车辆内装

车辆内装材料和车内设备的防火要求符合 DIN5510 标准。

内装主要结构及材料如下：

（1）中顶板

顶板采用的材质一般为铝蜂窝板，分布在顶板两侧的送风格栅材质一般为铝型材。

（2）侧顶板

玻璃钢或其他材质，与中顶板连接处采用铰链连接或其他连接方式。

（3）侧墙内墙板

侧墙内墙板包括侧墙板、端墙板、司机室间壁，一般采用玻璃钢和铝蜂窝板。

（4）地板及地板布

地板采用铝合金 PVC 或其他材料，地板布采用粘接的方式覆盖在上，在地板下设隔音层。

（5）客室座椅

座椅采用不锈钢或其他材料，沿客室两侧侧墙布置，座椅支架采用悬臂结构。

（6）扶手杆和立柱

客室内设置数量充足、美观适用的水平扶手杆和立柱，在客室内顶板与地板面之间设立柱。

（7）残疾人轮椅区

侧墙上设有残疾人扶手带，可作固定残疾人轮椅使用。

（8）灭火器

客室内座椅下设置有灭火器，每车两个，头尾车的司机室内还各单独设有一个灭火器。

3.3.3 转向架

转向架是承载列车载荷，实现列车走行功能的重要部件，也是轨道车辆结构中最为重要的部件之一。

1）转向架的功能

（1）使车辆顺利通过曲线

转向架可以相对于车体回转，能灵活地沿着直线线路运行或顺利地通过曲线，减少运行阻力与噪声，提高运行速度，保证车辆安全运行。

列车通过曲线时（特别是进出曲线时），钢轨与导轮之间作用一横向力，使转向架相对于车体产生偏转（一定范围下），使轮轨作用力与转向架运动方向基本垂直，减少了轮轨作用力对转向架运动的阻碍。结合曲线轨道超高，还可减少轮缘与钢轨的接触，减少轮缘磨耗，提高列车运行速度。

（2）支撑车体、传递载荷

转向架可以承受车辆自重和载重，使轴重均匀分配，传给钢轨，并传递从车体至轮对之间或轮轨至车体之间的各种载荷及作用力。

（3）传递牵引力和制动力

充分利用轮轨之间的黏着，放大制动缸所产生的制动力，使车辆具有良好的制动效果，以保证在规定的距离之内停车，也可根据工况通过轴承装置使车轮沿钢轨的滚动和车体沿线路运行的平动相互转化，传递牵引力（动车）和制动力。

（4）缓和振动和冲击，提高乘坐舒适性

转向架的结构要便于弹簧减振装置的安装，使之具有良好的减振特性，以缓和车辆和线路之间的相互作用，减少振动和冲击，减少动应力，提高车辆运行的平稳性和安全性。

（5）转向架

转向架是车辆的一个独立部件，在转向架与车体之间尽可能地减少连接件。

2）转向架技术要求

运用速度和试验速度：一般后者要高 10% ~ 20%。

通过最小曲线半径：连挂时为 145 m，单车调车为 100 m；符合机车车辆限界《标准轨距铁路机车车辆限界》（GB 146.1—1983）和《高速铁路机车车辆限界技术条件》。

转向架适用温度范围为 ±50 ℃；车辆平稳性和安全性：平稳性指标≤2.5，脱轨系数≤0.8，轮重减载率≤0.65。

主要承载件强度规范：符合《铁道车辆强度设计及试验鉴定规范》（TB/T 3548—2019）。

转向架主要技术参数为：构造速度、轴重、自重、固定轴距、轮径、轴颈中心距、旁承间距、中央弹簧横向间距、轴箱弹簧横向间距、制动倍率、一系垂向刚度、一系定位刚度、一系垂向阻尼、二系垂向刚度、二系横向刚度、二系垂向阻尼、二系横向阻尼、通过最小曲线半径。

客车转向架发展的关键技术：合理的悬挂参数；疲劳可靠性的研究；减少轮轨磨损和轮轨作用力；选择技术成熟的关键零部件；高效、可靠的制动系统；减少噪声，吸收高频振动。

3）转向架分类

①按动力类型分为动力转向架和非动力转向架。

②按车轴数目和类型分为二轴、三轴、多轴转向架以及 B,C,D,E 4 种轴重分类。

③轴箱定位方式有拉板式、拉杆式、转臂式、层叠式橡胶弹簧、干摩擦式导柱定位。

④按弹簧装置分为一系弹簧悬挂和二系弹簧悬挂。

⑤按载荷传递方式分为心盘集中承载、非心盘承载和心盘部分承载。

⑥按结构分为构架式焊接转向架、三大件式转向架和准构架式转向架。

4）转向架结构综述

地铁车辆转向架一般由空气弹簧支承着车体的质量，能有效降低振动和冲击，使旅客乘坐得更加舒适。一系悬挂由一对圆锥叠层金属橡胶弹簧组成，这种定位结构可使转向架安全的通过不规则线路，减少车轮通过曲线时的磨耗，同时确保车辆的稳定性。在车体和转向架之间采用"Z"形拉杆传递牵引力和制动力。

动车转向架的每根车轴都由一台交流牵引电动机驱动。牵引电机刚性安装在构架横梁上，齿轮箱的一端通过滚子轴承支承在车轴上，另一端通过装有橡胶节点的吊杆悬挂在构架横梁上。在牵引电机和减速齿轮箱之间采用齿式联轴节传递扭矩。

除了使用牵引电机的电制动系统外,转向架上还配有机械基础制动系统。每台转向架上装有 4 套踏面制动单元,其中每个轴配备一套带有弹簧装置的停放制动单元。制动缸在压缩空气作用下施加制动或缓解,带停放的制动单元还可进行手动缓解。

5)转向架各部件介绍

（1）构架

转向架构架一般为 H 形结构,是转向架的主要承载部件。侧梁中部设有空气弹簧的安装座和横向减振器座。横梁上设有电机吊座、齿轮箱吊座和牵引拉杆座。抗侧滚扭杆座设置在两个侧梁的下部。侧梁端部的 4 个起吊座可使构架或整个转向架被安全地吊起。在额定载荷下,构架预计疲劳寿命为 30。构架主要采用 EN10025 标准的 S275J2G3 钢板制造。

（2）轮对组成

轮对分为动力轮对和非动力轮对。动力轮对组成包括车轮、车轴、轴箱组成、齿轮箱（变速箱）和牵引电机;非动力轮对包括车轮、车轴、轴箱组成及动车驱动装置。车轮及动车转向架上的大齿轮与车轴装配方式为热装,磨耗超限的车轮可退更换,拖车转向架与动车转向架间的轮对不能互换,如图 3.31 所示。

图 3.31　轮对组成

轴箱轴承组件形成整体密封系统,并预先添加了润滑脂,延长了使用寿命和维修间隔的时间。轴承内装有塑钢保持架,可降低内部摩擦并具有良好的自润滑性能。轴箱端部可安装碳刷式轴端接地装置,将电流直接导向钢轨,防止电流经过轴承产生电蚀。每根轴上还装有防滑速度传感器,为车上的防滑控制系统提供车轮转动速度信息,防止车轮发生滑行。头车的轴端还装有 ATP 速度传感器。

（3）一系悬挂

一系悬挂由 3 个主要零部件组成:2 个圆锥形弹性橡胶弹簧单元及 1 个基座型轴箱。一系悬挂有 3 个主要功能:保护转向架构架及车辆以防从轨道上传递过多的振动载荷。保证车辆在指定的轨道状况下操作时不会出轨。达到良好的曲线性能,同时保证转向架在整个工作速度范围内的动态稳定性。弹簧单元安装在轴箱上,一系悬挂的纵向及横向运动由弹簧单元高径向刚度控制。起吊止挡和缓冲挡相结合限制轮对垂向偏转。橡胶弹簧具有一定的减振性能,因此,不需要安装一系垂向减振器,如图 3.32 所示。

图 3.32　橡胶弹簧

（4）二系悬挂

二系悬挂由空气弹簧、高度阀、差压阀及减振器等零部件组成。二系悬挂的作用：保证乘客及车体的乘坐舒适度良好。保证车辆轮廓在指定的、所有车辆的动态状况下保持不变。每辆车由 4 个空气弹簧支承着车体的质量，并在车体和转向架之间提供垂向、横向和回转刚度。空气弹簧下部带有一个辅助橡胶弹簧，并在空气弹簧无气时提供紧急状态下的支撑刚度。

如图 3.33 和图 3.34 所示，车辆高度由每车上高度阀及车体与转向架间的机械链接控制，高度阀控制空气弹簧中的空气压力以补偿载荷的变化。两个空气簧之间连接了一个差压阀，当某个空气簧破裂或高度阀故障使空气弹簧过充时，差压阀确保两个空气簧一起受控地排气，防止车体过于倾斜并超出车辆的动态限界。每个转向架设有一个横向液压减震器，装在中心销和转向架侧梁之间，吸收车体横向振动的能量。

图 3.33　高度调整装置上部

图 3.34　高度调整装置下部

（5）中央牵引装置

如图 3.35 所示，每个转向架设一套中央牵引装置，一般通过中央牵引连接杆或"Z"字牵引拉杆传递车体与转向架间的牵引力及制动力，使转向架具有相对于车体在横向、垂向、侧滚、点头等方向的自由度。中央牵引装置一般装有弹性橡胶节点，可以吸收一定的振动。

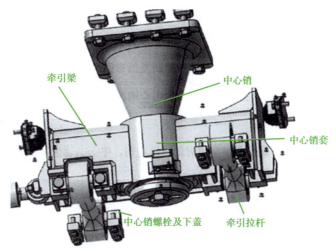

牵引梁　　中心销　　中心销套　　中心销螺栓及下盖　　牵引拉杆

图 3.35　中央牵引装置示例

中心销的上端固定在车体的枕梁中心，下端与牵引装置连接；中央牵引装置可以满足车体和转向架之间的相对转动，其配合均为金属件之间的配合，消除了橡胶蠕变的影响，保证了其性能的稳定。

（6）基础制动装置

地铁车辆转向架的基础制动采用踏面制动，每根轴上配置普通制动缸和停放制动缸各一套，采用斜对称布置。停放制动缸可以通过手动方式进行缓解。基础制动配管固定在构架上，与车体的连接软管采用集中上车的布置方式以方便连接。

具有停放功能的踏面单元制动缸还配有手动缓解闸线，手动缓解闸线的把手安装在侧梁上部，可以在必要时方便手动缓解停放制动，制动配管采用立体折弯钢管，钢管与钢管、钢管与软管之间采用螺纹连接形式，密封性能较好，方便安装和拆卸。

3.3.4　车钩缓冲装置

1）轨道交通车钩缓冲装置的类型
车钩缓冲装置分为全自动车钩、半自动车钩和半永久车钩 3 种形式。

（1）全自动车钩（AC）
车组之间的机械、气路与电路能自动连接和自动解钩，也能人工手动解钩。

（2）半自动车钩（SAC）
半自动钩缓装置位于列车的头尾两端，可保证列车之间的自动机械连接、自动风路连接和手动机械分解及自动风路分解。

（3）半永久车钩（SP）

半永久钩缓装置分为带缓冲器半永久车钩和带压溃管半永久车钩两种，两种半永久车钩在列车内部各个断面用连接环连接成对使用，用于列车内部各个车辆之间的机械和风管的连接与分解。车钩之间的机械、气路和电路均需人工手动操作。半永久车钩只有在架修、大修作业时进行解钩。

2）轨道交通车辆车钩缓冲装置的特点

一般都采用SCHAKU（夏芬伯格）密接式车钩依靠两相邻车辆钩头上的凸锥和凹锥口互相插入，起到紧密连接作用。使电、气同时连接，既节省人力，又可保证安全方便。因为构造较复杂，强度也较低，所以仅在地铁等轻轨车辆及客车上得到广泛应用。

（1）连挂特点

在连挂上采用了锥状及漏斗状的车钩头因而具有较大的连挂范围；在弯道，并且在车辆之间有高度差的情况下都可完成自动连挂。在低速行驶中，最低时速为 0.6 km 也可完成自动连挂，自动连挂只需很小的力。

（2）连挂状态

在连挂状态时车钩头与钩舌板总成在横向和纵向形成了一种刚性连接。车钩钩舌板总成的排列为平行四边形，可平均负担牵引力。其部件的磨损不影响车钩的安全性。

（3）解钩状态

在解钩时，车钩钩舌板总成的形状可以保证机车即使在受力情况下也可以进行自动解钩。解钩过程是不可逆的，只允许车辆完全分离后再重新连挂。

3）轨道交通车辆车钩缓冲装置的组成及原理

（1）全自动车钩

头车全自动钩缓装置用于 6 辆编组的列车头尾端，由连挂系统、压溃装置、缓冲装置、电气连接器、过载保护装置组成。

连挂系统采用 330 型密接式地铁车钩装置，集成机械连挂、风路连通的功能，手动进行解钩操作。能量吸收部分由弹性胶泥缓冲器和压溃管两部分组成。弹性胶泥缓冲器用来吸收车辆正常连挂及运行过程中的冲击能量，压溃管用来吸收车辆在发生意外碰撞时的冲击能量。其中弹性胶泥缓冲器为可恢复变形能量吸收装置，压溃管为不可恢复变形能量吸收装置。钩缓装置的尾部设计有过载保护装置，当车钩受到过大冲击力时，车钩拉断螺栓破坏，车钩可以脱离车体安装板，以便防爬器发挥作用，如图 3.36 所示。

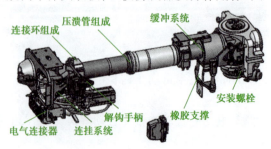

图 3.36　全自动车钩

（2）半自动车钩组成

半自动钩缓装置主要由连挂系统、缓冲系统和过载保护装置等模块组成，各模块之间采用连接环连接。

连挂系统由 CG-12 型车钩和风管连接器组成。缓冲系统考虑了事故碰撞时的安全保护冗余,由具有弹性变形吸收能量的弹性胶泥缓冲器和不可恢复变形吸收能量的压溃装置两部分组成,为了给压溃管提供安装空间,弹性胶泥缓冲器与回转机构、支撑和对中机构等安装吊挂系统的结构在设计上融合为一个模块。钩缓装置的尾部设计有过载保护装置,当钩缓装置受到过大冲击力时,可以整体脱离车钩安装板,随之车端的防爬器相互咬合发挥作用,实现能量的逐级吸收和递减,达到保护乘客安全的目的。

①连挂系统。连挂系统包括 CG-12 型车钩和风管连接器。

CG-12 型车钩由钩体、钩舌、连挂杆、中心轴、回复弹簧、解钩手柄等组成。CG-12 型车钩具有待连挂位(同时也是锁定位)和全开位两种状态,如图 3.37 和图 3.38 所示。当车钩要连挂时,通过两车钩的相互撞击,钩体内部的钩舌等机构发生顺时针旋转,在两钩相互连挂的过程中,对方钩体的凸锥推动本钩钩舌等连挂机构旋转到最大角度,到达全开位,然后在回复弹簧的作用下迅速回复到锁定位,到达完全连挂后车钩连挂机构的位置状态。

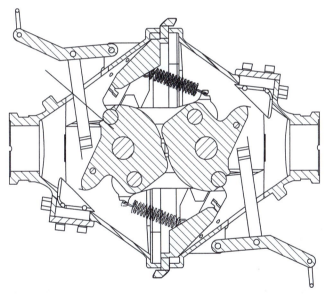

图 3.37　已连挂位置状态

在开钩时,人工扳动解钩手柄,使钩体内部的钩舌及其他机构旋转到最大角度,到达全开位,此时两车钩可以正常分离,然后释放解钩手柄,在回复弹簧力的作用下,钩舌等其他内部机构回复到待连挂位。

在 CG-12 型车钩钩体上下方分别各有一路总风管连接器和列车管连接器,可以在列车连挂时实现管路自动连接,在列车分解时实现管路自动关断。

②缓冲系统。由可恢复变形吸收能量的弹性胶泥缓冲器和不可恢复变形吸收能量的压溃装置两部分组成。为满足冲击速度 15 km/h 时的能量吸收要求,头车半自动钩缓装置变形吸能装置采用大行程膨胀式压溃管。列车在运行或连挂过程中,钩缓装置受到的纵向压载荷大于设定值时,压溃装置开始发生作用,吸收冲击能量,达到保护人身和车辆设备安全的目的。钩缓装置在牵引工况时,牵引载荷会通过压溃管内部的刚性连接来传

递,变形元件不会受影响;当钩缓装置受压载荷超过压溃管触发力值时,压溃管膨胀元件按照设计的变形模式,开始产生屈服扩张,以稳定的阻抗力发生塑性变形,最大限度地吸收冲击能量。钩缓装置受压载荷低于压溃管触发力时,压溃管吸能元件不发生产动作,所有的冲击能量将由缓冲器来吸收。为缩短钩缓装置长度,缓冲装置在结构上与安装吊挂系统融合为一体形成安装吊挂缓冲系统,承担钩缓装置的弹性缓冲、水平对中、垂直支撑和回转等功能。

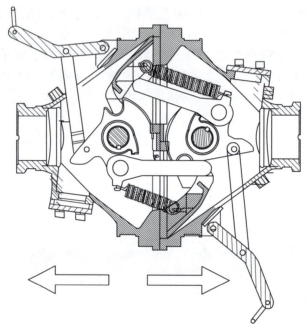

图 3.38　手动解钩时的位置状态

安装吊挂缓冲系统由安装座、缓冲装置、支承装置、对中装置等几部分组成,缓冲装置的核心元件是弹性胶泥缓冲器,弹性胶泥缓冲器芯子通过内部结构实现拉压转换,拉、压两个方向的能量吸收能力均衡。相比其他紧凑式缓冲器常用的橡胶吸能元件而言,弹性胶泥缓冲器寿命更长,能量吸收特性和舒适度更高。缓冲器在弹性变形范围内吸收冲击能量的作用,压载荷低于压溃管触发力时,所有的冲击能量全部由缓冲器来吸收。

对中机构:缓冲装置下部有水平对中机构,可以在弹簧力作用下对回转轴施加对中回复力,为整个钩缓装置提供一定范围内的水平对中力矩,保证整个钩缓装置在待连挂状态下保持处于纵向中心线上,便于连挂。

③过载保护装置。用于列车在超速连挂或者受到强烈冲击时,使车钩脱离车体安装板即从车体脱落,以使车体端部的防爬器能够相互咬合而发挥吸收能量的作用。钩缓装置安装座通过4个安装螺栓安装在冲击板上,然后冲击板再通过4个过载保护螺栓安装到车体,过载保护螺栓外安装了一个可以在额定载荷下收缩变形的收缩套,这是过载保护装置的核心元件,当钩缓装置在正常牵引状态下,冲击板顶靠在车体安装板的后部,将牵引力传递到车钩,过载保护螺栓并不承受牵引力;当钩缓装置在正常顶推状态,纵向压缩力通过收缩套结构传递到过载保护螺栓和冲击板,最终传递到车体。

当钩缓装置受到的压缩载荷达到过载保护装置额定触发力时,装置上的收缩套将发生收缩变形,外径小于安装孔,因此车钩冲击板的过载保护螺栓最终将滑出安装孔,冲击板与车体安装板脱离,车钩在压缩力的作用下从车体脱落并向后运动。

(3)半永久车钩组成

半永久钩缓装置分为A,B,C,D 4种车钩,A型和D型半永久钩缓装置带有压溃装置,B型半永久钩缓装置带弹性胶泥缓冲器和压溃装置,C型半永久钩缓装置带有弹性胶泥缓冲器,A型和B型半永久车钩在中间第一、五断面成对使用,C型和D型半永久车钩在其余中间断面使用,中间采用卡环连接。如图3.39所示。

+ Tc A + B M D + C M D + C M C + D M B + ATc +

图3.39   半永久车钩连接形式

半永久钩缓装置A结构头部是凸凹锥的卡环连接结构,中部加装了压溃装置,以满足整列车冲击工况的能量吸收要求。在半永久车钩头部集成了直通式的总风管连接器,如图3.40所示,可以在连接钩缓装置的同时完成列车内部总风管的连接。半永久车钩回转机构使用关节轴承,保证车钩在水平和垂直面一定范围内自由旋转,并带有自支撑功能,在车钩分解状态下可保持车钩处于水平。

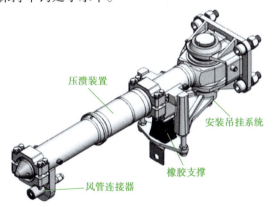

图3.40   半永久钩缓装置A

半永久钩缓装置B结构头部也是凸凹锥的卡环连接结构,中部由压溃装置和缓冲器组成的串联结构,以满足整列车冲击工况的能量吸收要求(图3.41)。半永久钩缓装置B采用了弹性胶泥缓冲系统,弹性胶泥缓冲器主要由弹性体、弹性胶泥芯子、内半筒总成和壳体总成等零件组成。车钩受牵引力时,牵引力通过内半筒总成把力传递到弹性胶泥芯子上,弹性胶泥芯子把力传递到缓冲器壳体上,最后通过回转机构把力传递到车体上;而车钩受压时,压力传递的顺序依次为弹性体、弹性胶泥芯子、内半筒总成、缓冲器壳体。回转机构采用与A半永久车钩相同的结构。该半永久钩缓装置头部也集成了直通式的总风管连接器和A部分车钩风管连接器连接,保证了列车车间风路系统的连通。

半永久钩缓装置C结构与半永久钩缓装置B结构相比,取消了端部的压溃管,其他结构相似。半永久钩缓装置D结构和半永久钩缓装置A结构相似,压溃管的行程略小。

中间车半永久车钩之间的连接:

半永久车钩的连挂由专用的连接卡环(图3.42)通过4个专用螺栓连接,可以保证连接环节完全消除纵向间隙。连接及分解操作由人工完成。连接卡环结构可靠,安装方便,拆卸也非常容易。

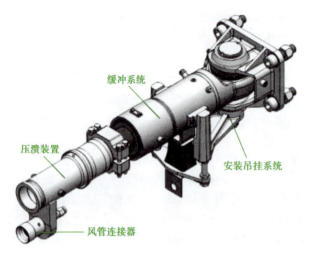

图 3.41 半永久钩缓装置 B   图 3.42 连接卡环示意图

3.3.5 贯通道装置

1）概述

贯通道装置也称风挡装置,位于两节车厢的连接处,是两车辆通道的连接部分,具有良好的防雨、防风、防尘、隔音、隔热等功能,适应车辆在地下、地面和高架线路上运行,使旅客安全地穿行于车辆之间。贯通道装置根据连挂方式的不同可分为整体式和分体式。

贯通道装置根据内部侧护板的结构又可分为一块侧护板结构式和多块板搭接结构式贯通道。目前轨道车辆用的贯通道大多为侧护板一体式的双层折棚结构,还有的贯通道内外均为折棚结构,个别使用侧护板为两片式结构、三片式结构。下面以介绍侧护板为一体式的双层折棚结构为主。

2）贯通道结构及功能说明

（1）贯通道

贯通道由双层折棚总成、螺钉框总成、单棚板总成、双棚板总成、上踏板总成、下踏板总成、导向机构总成、侧护板总成等部分组成。具有良好的防雨、防风、防尘、隔音功能,保证乘客能随时、安全、方便地停留或通过。

侧护板总成、顶板总成和踏板总成平稳的跟随两个车体运动,确保乘客的安全和舒适（图 3.43）。

（2）双层折棚总成

双层折棚总成由内外双层拱波的柔性棚布组成,棚布是由特殊的材料制成,每波棚布之间通过铝框夹制在一起,来保证棚布稳定的挠曲外形,每波棚布下部开排水口,棚布的端部连接到连接端型材框上。

（3）螺钉框总成

两套螺钉框总成分别安装在两侧车端面上,通过沉头螺钉与车端面上已有螺纹孔连接,通过控制螺钉框总成上的压块来实现风挡的连挂与解编。

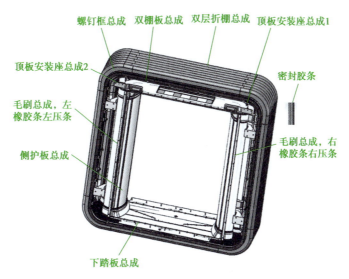

图 3.43　贯通道组成

（4）顶板总成

顶板总成包括单棚板总成和双棚板总成，其形状满足车端之间彼此的相互运动。单棚板总成与双棚板总成通过铰链固定到顶板安装座总成上，顶板安装座总成固定在车端面上。这种结构的优点在于既能满足车体间的相互运动，其顶板高度又可通过顶板安装座总成长槽孔调节。

（5）踏板总成

踏板总成由上踏板总成和下踏板总成组成。

（6）下踏板总成

下踏板总成包括 3 个踏板支撑、1 个连接板、1 个不锈钢踏板面和折页组成。连接板和不锈钢踏板面通过折页进行固定，连接板、踏板支撑通过螺钉固定到车体上。不锈钢踏板面可以翻起，进行检查与维修工作。上踏板总成包括 3 个踏板支撑、1 个连接板、1 个中间踏板、1 个右踏板、1 个左踏板、3 个折页及 3 个磨耗条组成。中间踏板通过折页与右踏板、左踏板、连接板组成固定，连接板与 3 个踏板支撑一起固定在车端面上。上踏板总成的踏板能被掀起，用来进行检查、清理或维护任务。踏板安装好后，上踏板搭接在下踏板不锈钢板上，基于这种结构，踏板间可以相对移动，抵消了高度位移和侧滚运动，保障了乘客平稳地通过过道。

（7）毛刷总成（左右侧）、橡胶条（左右侧）、夹条

毛刷总成（左右侧）、橡胶条（左右侧）、夹条通过螺栓安装在车体上，起防护间隙的作用。

（8）导向机构锁紧侧和安装侧

导向机构锁紧侧和安装侧均是单独安装在车端，侧墙板组装在导向装置上。

（9）一体式侧墙总成

侧墙由一个绕着垂轴旋转的卷轴体组成。卷轴体通过一个拱状的灵活侧板连接在一起。侧板通过一个特殊的绷紧装置向通道一侧变拱。侧墙的转轴体栓锁在螺钉框的导体上。特殊设计的侧墙可以承受车厢间的相互运动。所有侧墙的安装、旋转、轴承部分都是

不可见的,同样乘客也是接触不到的。

(10)橡胶挡板

橡胶挡板用于遮挡侧墙面板与顶板、侧墙面板与踏板之间的间隙。

3.3.6　车门系统

现代城市轨道车辆运载客流量大,乘客上下车频繁,车门系统作为城市轨道交通车辆的关键部分之一起着非常重要的作用,与运营安全紧密相连。

1)车门系统概述

城市轨道车辆车门系统主要包括客室侧门、司机室侧门、司机室与客室间的通道门以及紧急情况下用于安全疏散的紧急逃生门。

(1)客室侧门

客室侧门根据动力形式可分为电机驱动和压缩空气驱动,按其开启和结构形式主要分为移动门和塞拉门。移动门又可分为内藏式滑动移门和外挂式滑动移门。

①内藏式滑动移门(图3.44)。开关门时门页在车辆侧墙的外墙与内护板之间的夹层内移动,传动机构设于车厢内侧车门的顶部,装有导轮的门页可在导轨上移动并与传动装置的钢丝绳或皮带相连接,借助风缸或电机驱动传动机构,从而使钢丝绳或丝杆螺母机构带动门页动作。

②外挂式滑动移门(图3.45)。车门驱动结构工作原理与内藏式滑动移门相同,外挂式滑动移门开关门时门页均位于车辆侧墙的外侧。外挂门的结构较简单。

图3.44　内藏式滑动移门　　　　　图3.45　外挂式滑动移门

③塞拉门(图3.46)。借助车门上端的传动机构和导轨,车门开启状态时门页贴靠在侧墙的外侧,车门在关闭状态时,门页外表面与车体外墙成一平面。

以上类型的车门各具自身特点,表3.4是对3种类型车门系统的一个比较。从安全可靠性来讲,移动门一般适用于速度低于100 km/h的列车上。特别是外挂门,由于外挂门属于外吊悬挂式结构,下部悬空无支承。当列车在隧道中运行时,随着速度的提高,其空气的阻塞比大大增加,对外吊的悬挂门产生较大的压力。当门的结构及强度不随速度的提高而改进设计时,车门会产生晃动等不稳定因素,从而影响车门的安全可靠性。

图 3.46　塞拉门

表 3.4　车门系统性能比较

序号	项　目	外挂门	内藏门	塞拉门
1	气密性	密封比较简单,车门的密封部件直接暴露于气流中,而且车门与车体的密封只有一对密封条	密封性能较外挂门好,主要是出于以下原因:①车门并不直接暴露于气流中②从车体外到车厢内部有两组密封,因此气流不容易进入客室	气密性好,但是容易过压,因此在关门时会存在着一定的问题
2	关门时间	关门时间较短,实际关门时间的长短主要依赖于车门的净开度,通常≥2.5 s	和外挂门一样,关门时间较短,实际关门时间的长短主要依赖于车门的净开度,通常≥2.5 s	关门时间较移动门时间长,由两个时间组成即关和塞的时间,通常来说至少比移动门长1 s
3	外观	车门位于车辆侧墙外侧	门页藏于车辆侧墙的外墙与内护板之间的夹层内	当门完全关好后与车体外墙成一平面
4	车辆限界及对限界的影响	由于车门是悬挂于侧墙的外侧,为满足车辆限界要求,在一定程度上减少了车体的宽度。然而车门之间有效空间是最大的	由于藏在侧墙内,因此在一定程度上减少了车辆内部的宽度,同时也会减少载客量	车辆内部宽度最大,但由于塞拉门有立柱,因此站立面积没有外挂门大
5	维修	结构简单,维修工作量和维修时间较少。可以快速更换门页,而且可以从外部进行维修	结构简单,维修工作量和维修时间较少。门页更换较外挂门复杂,可以从车辆内部对车门进行维修和调整	结构复杂,维修量较多,维修时间长。可以从车辆内部对车门进行调整和维护

续表

序号	项目	外挂门	内藏门	塞拉门
6	隔噪能力	隔噪能力主要取决于门页与车体的接口面	隔噪能力较外挂门好	由于塞拉门密封性能好,因此具有较好的隔噪能力
7	关门过程中可能出现的问题	关门过程中可能出现的问题	由于关门过程为直线运动,且关门时间较短,因此,关门受阻的可能性较小	由于内部过压,最后一扇门在关门的时候可能较难关上。门被阻塞也有可能因乘客堵在车门关闭的方向而受阻,尤其是在大客流的情况下
8	开门过程中可能会遇到的问题	开门时车门可能会碰到靠近列车的乘客从而进入障碍物探测状态。但如果站台安装了屏蔽门后不会出现这种问题	如果门槛中有碎片或其他异物,可能在开门时会受阻塞	开门时车门可能会碰到靠近列车的乘客从而进入障碍物探测状态。但如果站台安装了屏蔽门后不会出现这种问题
9	可靠性	部件少,可靠性高	部件少,可靠性高	部件数量多,而且机构的运动较复杂,因此可靠性较外挂门和内藏门低
10	操作环境	适用于大客流环境,不适用于高速行驶车辆	适用于大客流环境,不适用于高速行驶车辆	不适用于大客流环境,适用于高速行驶车辆(>120~140 km/h)
11	在中国的应用经验	广州地铁二号线,上海地铁一号线增购车(庞巴迪制造):运用过程中未出现重大问题	广州地铁一号线,上海地铁一、二号线:运用过程中未出现重大问题	广州地铁一号线,上海地铁一、二号线:运用过程中未出现重大问题

  由于移动门的结构决定车门与车体必须保证一定的间隙,因此,移动门的密封性差。当列车达到一定的行驶速度时(超过100 km/h以上)便会产生车厢内窜风,给乘客带来不适;在车辆进出隧道等外界压力变化时,车内压力随着变化,舒适性下降。由于移动门的密封性差,车辆走行部件产生的噪声很容易传入车内;同时由于移动门或凹或凸于车体,列车在行驶中会使附近的空气产生涡流,空气阻力大,也就限制了移动门的使用速度。

  塞拉门由于与车体在同一平面内,保持列车较好的流线型,所以具有密封性好,空气阻力小等特点,但塞拉门的结构较移动门复杂,且造价较高。

  车门的形式种类虽然各不相同,但实现的功能却大同小异,性能参数也差不多。

（2）司机室侧门

司机室侧门通常采用单门页，手动开启和关闭。出于行车安全，避免乘客进入司机室的考虑，侧门通常带有锁闭机构，需要专用钥匙才能打开。

（3）紧急逃生门

出于保障乘客安全的考虑，一般在列车两端司机室的前端设有紧急下车的紧急逃生门以及安全疏散斜梯，在紧急情况下可以向前放下到路基上，作为通向地面的踏板，用于列车发生火灾或紧急事故时疏散乘客。

2）客室车门概述

（1）客室车门的基本技术参数

净开度	（1 300 ± 10）mm
净开高度	（1 850 ± 10）mm
工作环境温度	25 ~ 70 ℃
开关门时间	3 ~ 5 s（可调）
开关门延时时间	0 ~ 3.0 s（可调）
供电电压	DC 110 V
车门关紧力	≤150 N（每个门页）
车门隔音量	≥21 dBA
开关门噪声级别	≤68 dBA
车门的隔热量	<4.6 W/($m^2 \cdot K$)

（2）客室车门的主要功能

①开/关门功能。包括车门开、关状态显示，整列车车门开、关由司机在操纵端通过按钮控制或者车载 ATO 控制，每次仅能开、关一侧车门。

②再开闭功能。通过对整列车门的再开闭指令控制，未关闭好的车门可以执行先开门再关门的动作，已关好的车门不再进行开门动作。

③二次缓冲功能。为了保护车门的开关门动作，降低动作冲击力，车门在开门和关门的最后阶段，降低电机的转速，达到二次缓冲的效果。

④防夹人/物功能（障碍物探测重开门功能）。车门具备防夹人/物功能，通过门控器对各检测点的逻辑判断，当夹到人/物时，车门将自动打开及再次关闭。

⑤车门故障切除功能。通过对隔离锁的使用可将存在故障的车门进行故障切除，使故障车门不影响列车的正常牵引和信号模式的建立。

⑥车门紧急解锁功能。在紧急状态下，当列车停止时，可操作紧急解锁将车门打开。行进中的列车，在操作紧急解锁时会影响列车的正常牵引。

⑦车门旁路功能。通过对隔离锁的使用，可将存在故障的车门进行旁路，使故障车门不受列车的指令控制，不会进行开关门。

⑧乘务员钥匙开关功能。在紧急情况下，乘务员用方孔钥匙通过车外设置的紧急解锁将车门从外面打开。

⑨故障指示、自诊断和记录功能。当单个车门发生故障时，门控器会自行诊断故障原因，并在门控器的数码管上出现相应的字母提示，同时故障信息也会发送给 ATI 进行显示。单门故障可通过故障读出软件从门控器内读出故障数据。

⑩零速保护。为了保证车门在安全状态下开门，保证"走车不能开门"，车门开门只能在列车静止状态下进行。列车在静止时给每一个车门提供了允许动作的信号，从而实现零速保护功能。当没有零速信号时，没有完全关闭的车门将自动关闭，关好的车门保持关闭状态，车门完全关好并锁闭后，此时门控器不再响应任何开关门信号对车门的操作。

⑪自学功能。为了适应每个车门的机械阻力、齿带张紧力等因素，门控器综合开关门时间、电机电流检测等参数，合理控制电机转速，使在整列车上的每一个车门同步开关。

⑫编号功能。每节车的 8 个车门通过硬线 DC110 V 的编号控制，使门控器从 1 ~ 8 固定地址，与 ATI 上的显示——对应。

3)客室车门系统组成

每个车门系统包括了车门悬挂及导向机构、车门驱动装置、左右门页、紧急解锁装置、乘务员钥匙开关(每节车仅两对门有)、1 套安装在车体上的密封型材(上、左和右)等机械部件及电子门控单元、电气连接、指示灯等电气部件，如图 3.47 所示。

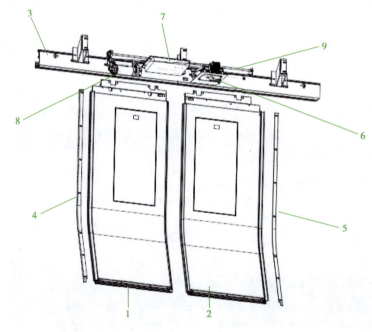

图 3.47　客室侧门

1—右门页;2—左门页;3—车门悬挂结构;4—右侧密封件;5—左侧密封件;
6—紧急解锁手柄;7—电子门控单元 EDCU;8—车门电机;9—丝杆/螺母机构

(1)驱动机构

驱动机构组成包括机械控制及电气控制两个部分。机械控制部分由安装传动导向装置组成。电气控制部分由门控器、驱动电机及实现自动门功能的其他附件构成。

安装传动导向装置主要由安装底板、门扇吊挂部件、传动装置、锁闭解锁装置等部件组成。

安装底板的功能为承受吊挂装置及门扇的所有质量，并保证在开门和关门状态下门板与车体平行。安装底板上的导轨部位保证门板平行运动，为客室车门系统导向装置的重要组成之一。

在安装底板导轨的末端均安装有可调的接触面为橡胶材质的定位止挡,通过调整止挡螺钉微调门系统的净开度。

门扇吊挂部件由左侧门吊板和右侧门吊板组成。

(2)传动装置组成

根据门结构的不同,传动装置可分为不同的方式,这里主要介绍电机齿带传动系统与丝杆/螺母系统。

①齿带传动系统。驱动机构组成的传动装置由驱动电机、齿带、齿带轮、齿带夹(与门吊板组成相连接)共同组成,如图3.48所示。

图3.48 电机齿带传动

门系统所用驱动电机是带有行星齿轮——锥齿轮减速机的60 V直流电机。

齿带采用橡胶半圆形同步带,是整个系统最重要的部件之一,起连接传动系统的作用。博得公司采用的传动齿带为内衬张力钢丝的具有高强度、高抗疲劳性的产品。齿带在将整个传动机构连接在一起后经过调整达到一定的张力,当经过一段运营时间后需要对齿形带的张力做一定的检测,有必要时需要进行必要的调节,使之达到更好的状态。

传动装置的原理:门控器得到开、关门指令,驱动电机得电旋转,旋转通过锥齿轮减速箱变向及减速,输出到电机齿带轮,电机齿带轮旋转带动齿带动作,从而使齿带在齿带轮之间进行直线运动。齿带在做直线运动的过程中,通过齿带夹带动左右两个门吊板组成在安装底板的导轨中做方向相反且同步的运动,进而门吊板组成将运动传递给左右门板,使其在门框范围内做客户所需的动作。

②丝杆/螺母系统。丝杆/螺母系统是车门系统中的传动部件,它由一个弹性或齿形联轴节通过皮带轮与电机相连接。门页的同步动作是由丝杆和球形螺母组成的系统来实现的。丝杆是大螺距不锈钢的特制丝杆,采用特殊的工艺方法制成,保证丝杆有较长的寿命。螺母采用高强度工程塑料制成。丝杆和球形螺母通过3个支承部件安装在主梁上,这种丝杆一半是右旋螺纹,另一半是左旋螺纹,螺纹旋转方向在安装时是任意的。两个球形螺母安装在丝杆上(每一半丝杆用一个球形螺母),螺母与不锈钢丝杆的配合工作,使丝杆螺母副具有阻力小、无噪声和维护工作小的特征。由于此配合装置,当一门页向一个方向移动,则引起另一门页向相反方向移动,从而实现了门页的同步运动。螺杆传动主要的部件是螺杆和螺母组件。丝杆传动具有传动准确、平衡、扭力大的特点,如图3.49所示。

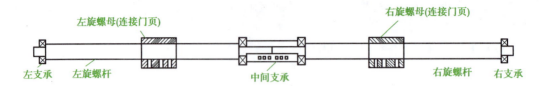

左旋螺母(连接门页)　　　　　　　　　　　　　　右旋螺母(连接门页)

左支承　左旋螺杆　　　　　　　　中间支承　　　　　　右旋螺杆　右支承

图 3.49　丝杆/螺母系统

（3）锁闭装置组成

锁闭解锁装置(驱动机构锁组成)安装在安装底板上,组成部件是 1 套电磁铁组成、1 套锁钩组成、1 套复位气缸组成等。在门关闭的过程中,4 个分别位于左、右侧门吊板组成之上的锁闭撞轴组成(每个门吊板由 2 组锁闭撞轴组成,起到二级保护作用)进入锁钩中,锁钩通过复位气缸内部的弹簧可以使之自动复位(保证在供电故障情况下,门系统仍能保持锁闭状态),从而使门系统以这种方式被锁闭,同时门关到位行程开关以及锁到位行程开关触发,提供客室门系统锁闭到位的信号,列车可以开车。电动开门时,通过对电磁铁组成的控制,电磁铁得电吸合,可使锁钩转动从而释放出锁闭撞轴,客室门系统以这种方式实现解锁,解锁后门才可以打开。电磁铁组成后部可以与紧急解锁装置相连接,通过拉动紧急解锁手柄实现特殊情况下的手动机械解锁,同时触发相应的行程开关,提供客室门系统被紧急解锁信号。紧急解锁完毕后,通过复位气缸内部的弹簧可以使锁钩自动复位,保证锁钩处于锁闭状态。

（4）电子门控单元 EDCU

电子门控单元 EDCU 是整个车门系统中一个关键的电气部件,主要用于门的控制,一般位于客室内侧,且安装于防水保护的部位。EDCU 具有一个硬件设计(继电器)以实现安全要求,同时具有一个微处理器以控制车门电机并驱动串行线路,如图 3.50 所示。

图 3.50　电子门控单元

电子门控单元负责根据开启或关闭指令来控制车门开启与关闭。在动作过程中,负责监视门扇的关闭与开启动作,控制开关门的速度和方向,并具有障碍物探测功能,从而能可靠地避免夹人。门控器还能识别出某些待确定的故障,并通过网络将故障信息提供给 ATI。

门控装置的作用是控制、监督、保障门系统,并发现出现的故障。门控装置以软件的形式置于门控器中。每个门都在驱动机构上装有自己的门控器,这样可以进行单门单控。在整辆车内,所有的门控器都和列车的中央计算机相连。

门控装置通过列车提供的开/关门指令,并控制车门开关动作。在执行开关动作时,门控器通过监视电机电流和电机编码器的脉冲数,提供防挤压和缓冲功能。

门控器能够发现在门系统中出现的某些故障。出现的故障将会被门控器存储起来,通过诊断软件读取,并以此作为故障分析的基础。

(5)内部紧急解锁装置

为使乘客在轨道客车出现意外危险的情况下可以及时、迅速地疏散,特此在客室车厢指定门内部罩板上配备有内部紧急解锁装置。通过钢丝绳组成将内部紧急解锁装置与紧急解锁装置相连接。当旋转内部紧急解锁装置的解锁扳手时,钢丝绳带动紧急解锁装置旋转,紧急解锁装置旋转带动电磁铁克服复位气缸运动,从而使锁钩旋转打开将锁闭撞轴释放出来以实现解锁,同时触发相应的行程开关,提供客室门系统被紧急解锁信号。

内部紧急解锁装置有清楚的标记,平时由盖板罩住。紧急情况下乘客可以打开盖板,操作解锁扳手实现车门解锁。

在紧急情况下需要从客室内打开门时,必须首先打开盖板,然后操作内部紧急解锁装置。操作该装置后,能实现以下功能:

①当车辆处于零速状态(车速≤5 km/h)下,无论门系统工作是否正常(门系统隔离状态除外),则紧急操作时可以通过钢丝绳实现门的机械解锁并手动开门,手动开门最大作用力为150 N;当车辆车速大于5 km/h时(非零速状态下),操作内部紧急解锁装置,手动开门力大于200 N,并且手动开门力撤离后门系统趋向于关门。操作解锁扳手所需的最大转矩不超过15 N·m。

②紧急操作后,紧急解锁信号可以传给列车监视系统,并能使列车司机控制屏上显示哪个门的解锁装置被启动。

③门系统上蜂鸣器鸣叫报警。

④内部紧急解锁装置操作后将被定位在操作状态,并必须手动复位。根据给定的信号,内部紧急解锁装置的复位操作将激活门的正常操作。

⑤该装置部位设有防止滥用的盖板。

⑥如果此门处于隔离状态下则无法进行紧急解锁操作。

(6)乘务员钥匙开关(外部紧急解锁装置)

每辆车指定车门的外侧设乘务员钥匙开关(外部紧急解锁装置),乘务员钥匙开关通过钢丝绳组成将乘务员钥匙开关与紧急解锁装置相连。当车门关闭且闭锁时,被授权人通过专用钥匙将乘务员钥匙开关的保护锁打开后才能拉动解锁拉手实现紧急解锁。操作所需的最大转矩不超过15 N·m。

乘务员钥匙开关有清楚的标记,平时由保护锁将解锁拉手锁闭。紧急情况下被授权人员通过专用钥匙将乘务员钥匙开关的保护锁打开,操作解锁拉手通过钢丝绳带动紧急解锁装置旋转,紧急解锁装置旋转带动电磁铁克服复位气缸运动,从而使锁钩旋转打开将锁闭撞轴释放出来实现解锁,同时触发相应的行程开关,提供出客室门系统被紧急解锁信号。

操作该装置后,能实现以下功能:

①当车辆处于零速状态(车速≤5 km/h)下,无论门系统工作是否正常(门系统隔离状态除外),则紧急操作时可通过钢丝绳实现门的机械解锁并手动开门,手动开门最大作用力为150 N;当车辆车速大于5 km/h时(非零速状态下),因此,装置设于车外故无法进行操作。操作解锁扳手所需的最大转矩不超过15 N·m。

②紧急操作后,紧急解锁信号可以传给列车监视系统,并能使列车司机控制屏上显示

哪个门的解锁装置被启动。

③门系统上蜂鸣器鸣叫报警。

④外部紧急解锁装置操作后将被定位在操作状态，并必须手动复位。根据给定的信号，外部紧急解锁装置的复位操作将激活门的正常操作。

⑤该装置设有防止滥用的保护锁。

⑥如果此门处于隔离状态下则无法进行紧急解锁操作。

（7）隔离锁组成

图 3.51　隔离锁组成

如果个别门系统因为机械或电气故障而要求某一门单独退出服务时，首先保证该门处于关闭状态，被授权人员才可以用专用钥匙（四方钥匙）打开罩板并转动位于驱动机构组成上的隔离锁组成，如图 3.51 所示，使驱动机构组成机械锁闭，并同时触发隔离锁行程开关，提供该客室门系统被隔离锁闭信号，进而隔离该门系统电路，从而使门系统退出服务而其他门不受其影响。当该门被隔离后，处于客室内部罩板上的隔离指示灯（红色）亮起，对乘客起指示作用。隔离锁操作扭矩 ≤ 15 N·m。

（8）蜂鸣器

每个车门的门控系统中均装有蜂鸣器，在开关门动作前，给予相应的蜂鸣音提示（图3.52）。

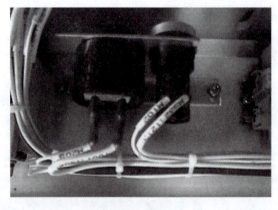

图 3.52　蜂鸣器

4）司机室侧门概述

司机室主要由基础安装部分、驱动装置、门板、门板附件、锁闭装置等组成（图3.53）。

基础安装部分主要包括门框密封角铝、C 形嵌条、门框密封胶条、下摆臂、碰接座等部件。其主要作用是用于门板与车体的安装过渡和密封。

驱动装置安装在车厢门口上部，主要由辊式滑车、机构吊架、上部导轨等组成。

辊式滑车是驱动装置中动力传递的主要部件，安装在机构吊架光轴上，它通过连接板与门板固定。辊式滑车沿光轴作直线运动，并将重力负荷传递给机构吊架。

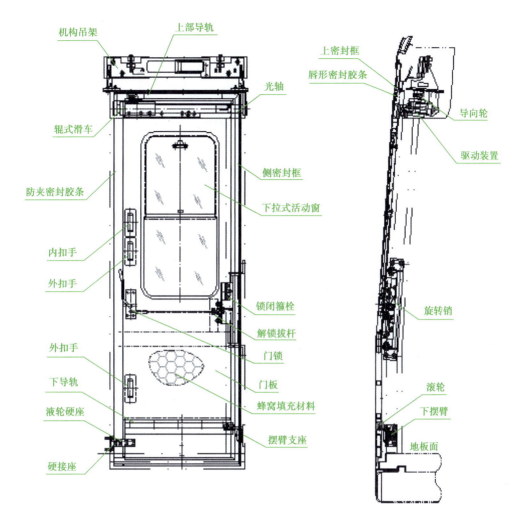

图 3.53　司机室侧门

机构吊架的主要作用是重力承载和安装其他部件。

上部导轨作用是与下部导轨一起使门按一定的轨迹运动,它安装在机构吊架的安装底板上。

门板由门板框架、内外面板、蜂窝填充材料等组成,厚度为32 mm。门板框架由铝制型材拼焊而成,内外不锈钢面板、内外橡胶衬垫粘在框架两面。在门板框架内部添加具有阻燃防水性能的蜂窝填充材料,以保证门板有足够的平面抗压强度。

门板附件主要包括下拉式活动窗、操作装置、密封装置、下部导轨、止挡定位装置等。

门的锁闭装置主要由安装在侧门框上的旋转锁机构组成。拨叉、锁定凸轮、拉杆固定在一个安装板上组成旋转锁机构,它再通过安装支架安装在侧门框上。旋转锁机构安装板和安装支架的位置都可以调节,以使旋转锁机构上的拨叉、解锁拨片与门板上的锁闭撞栓、解锁拨杆准确配合。

5)紧急疏散门概述

紧急疏散门系统主要由紧急疏散门与紧急疏散梯两部分组成。紧急疏散门又称为逃生门(图3.54),紧急疏散梯也可称为逃生梯。

图 3.54　紧急疏散门

　　紧急疏散门为上翻形式,打开后由两根空气弹簧支撑。在正常状况下,紧急疏散门处于锁闭状态;在紧急情况下,按照紧急操作标签的指示,可手动将紧急疏散门打开,配合紧急疏散梯,以用于疏散人群。紧急疏散门使用结束后可方便回收。紧急疏散梯如图 3.55所示。

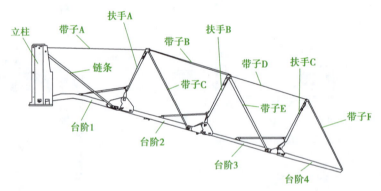

图 3.55　紧急疏散梯

　　如坡道上所贴"操作指示标牌"所示,顺时针旋动解锁旋钮,使锁舌缩回,坡道解锁,用手在坡道上部的把手处轻推坡道,把坡道推出车外,坡道即可自动展开为一个由车头至铁轨面的疏散通道。

6)关键部件调整

　　(1)行程开关的调整

　　行程开关是客室门系统的重要组成部分,其主要用途是对客室门系统的各种状态给予信号(包括门关好信号、门开好信号、隔离信号、紧急解锁信号等)。

　　①打开车体侧罩板,关闭门系统电源,使门系统处于半开启状态以露出行程开关。

　　②拔掉与行程开关连接的接线端子。

　　③用内六角扳手松开行程开关的安装螺钉。

　　④取下行程开关。

　　⑤将新的行程开关重新安装到门系统驱动机构组成上,用力矩扳手打上扭力(1.5 N·m)并做防松标记。

　　⑥将行程开关连接导线重新接到行程开关相应触点上。

（2）门扇调整

在门关闭并锁紧时车门应达到以下要求：

①在门页底部和门槛端部间具有均匀的间隙。

②使门页互相平行，这样可以保证密封良好（后部密封及前部密封）。

可通过旋紧或松开调整螺栓上的螺母进行调整，调整后旋紧螺栓并锁紧螺母。

调整项目包括高度定位、两门页平行、两门页对中、两门页前端密封件间的"V"形。

（3）解锁钢丝绳的调整

①关闭门系统电源。

②松开内（外）紧急解锁装置的安装紧固螺钉，取下内（外）紧急解锁装置。

③松开钢丝绳螺杆上的锁紧螺母，将螺杆从内（外）紧急解锁装置上卸下。

④将钢丝绳头从内（外）紧急解锁装置固定位置脱出，从而将这一端钢丝绳脱离内（外）紧急解锁装置的限制。

⑤松开解锁拉杆上的锁紧螺母，将钢丝绳夹头及钢丝绳从解锁拉杆上拆下，松开钢丝绳支座上的锁紧螺母，将螺杆拆下，进而将整条钢丝绳拿下来。

⑥将新的钢丝绳重新安装到车体上。

7）车辆车门常见故障

（1）机械系统故障

车门机械故障主要分两种：一种是零部件损坏故障；一种是调整不到位故障。

零部件损坏通常可以通过更换新件解决，但如果同一类零部件损坏率较大，则应检查是否存在系统设计问题或调整上的失误。

调整不到位通常表现在尺寸超差，影响车门的正常动作。

（2）检测开关故障

故障现象为车门在进行开关门动作时，单个车门无法开启或关闭，车辆显示屏显示该车门故障。该故障的主要原因是关门行程开关 DCS 在车门打开过程中出现故障或误动作，在关门过程中，EDCU 收不到"门关好"信息，EDCU 将向列车诊断系统发出"车门故障"信息。

解决办法：

①检查该行程开关是否有故障，若有故障将其更换。

②检查该行程开关的安装是否过紧，并检查其调整是否满足要求，否则重新调整。

（3）电子门控单元故障

解决办法：

①检查 EDCU 中软件是否为最新版本，否则重新更新软件后重新开关车门试验检查是否正常。

②检查 EDCU 的接线端子等是否有异常。

③更换该 EDCU 单元。

3.3.7　风源及制动系统

1）概述

在交通运输业迅猛发展的今天,交通事故频繁发生,而制动系统对运输安全起着非常重要作用。那么,制动系统究竟是什么呢?制动就是指人为地对列车产生减速控制力的大小,从而操控列车减速、阻止加速的过程。对于城市交通车辆,使运行着的电动车组迅速减速或停车,对它必须实施制动;电动车组在下坡道路运行过程中由于电动车组的重力作用导致电动车组迅速增加,也必须要对它实施制动;同时停放的车辆为了避免因重力作用或风力吹动而被溜走,也须对它实施停放制动。

(1)地铁电客车制动系统的特点

由于站间距离短,列车调速、停车比较频繁,为了提高车辆运行速度,这就使得列车制动距离短,列车在启动上速度一定要快。由此可以看出,地铁车辆的制动系统具有的特点有停车平稳、准确、操纵灵活、迅速和制动力大等。

地铁列车乘客量波动大。空车时地铁车辆自重相对来说比较轻,但是,乘客量对车辆总重有很大影响,易引起制动率的变比。制动率的频繁变化对列车制动时减速度的需求、车辆防滑的控制及车辆纵向冲动的调整都是极为不利的。

(2)城市轨道交通车辆制动系统具备的条件

①具有足够的制动能力,保证车组在规定的制动距离内停车。

②操纵灵活,制动减速大,作用灵敏可靠,车组前后车辆制动、缓解作用一致。

③由于运行于城市,一般要求具有电(动力)制动功能,并且在正常制动过程中,应尽量充分发挥电制动能力,以减少对城市环境的污染和降低运行成本。还应具有电制动与摩擦制动协调配合的制动功能。

④制动系统应保证列车在长大下坡道上制动时,其制动力不会衰减。

⑤电动车组各车辆的制动能力应尽可能一致,制动系统应根据乘客量的变化,具有空重车调整能力,以减少制动时的纵向冲动。

⑥具有紧急制动能力。遇有紧急情况时,能使城轨列车在规定距离内安全停车。紧急制动作用除可由司机操纵外,必要时还可由行车人员利用紧急按钮进行操纵。

⑦城轨列车在运行中发生诸如列车分离、制动系统故障等危及行车安全的事故时,应能自动起紧急制动作用。

2）供风系统

供风系统是向整个列车提供压缩空气的风源。它不仅针对空气制动系统,而且也为其他用风部件提供风源,例如,风动塞拉门、风喇叭(汽笛)、受电弓风动控制、车钩操作风动控制设备、空气弹簧及刮雨器等。供风系统制造的压缩空气为用风设备的驱动提供动力,而压缩空气的净化和干燥处理是不可或缺的,其目的是除去压缩空气中所含有的灰尘、杂质、油滴和水分等,保证制动系统及其他用风设备能长时间可靠地工作。

(1)活塞式空气压缩机

①构造组成。由固定机构、运动机构、进/排气机构、中间冷却装置和润滑装置等组成。其中,固定机构包括机体、空气缸、空气缸盖;运动机构包括曲轴、连杆、活塞;进/排气

机构包括空气滤清器、气阀;中间冷却装置包括中间冷却器(简称中冷器)、冷却风扇;润滑装置包括润滑油泵、润滑油路等,如图3.56所示。

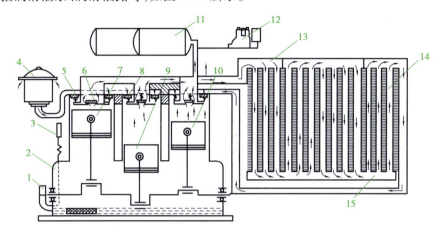

图3.56 活塞式空气压缩机的作用原理
1—润滑油泵;2—机体;3—油压表;4—空气滤清器;5,8—进气阀片;6—排气阀片;7,9—低压活塞;
10—高压活塞;11—主风缸;12—压力控制器;13—上集气箱;14—散热管;15—下集气箱

②工作原理。电机通过联轴器驱动空压机曲轴转动,曲柄连杆机构带动高、低压缸活塞同时在气缸内做作上下往复运动。由于曲轴中部的三个轴颈在轴向平面内互成120°,两个低压缸活塞和一个高压缸活塞分别相隔120°转角。当低压活塞下行时,活塞顶面与缸盖之间形成真空,经空气滤清器的大气推开进气阀片(进气阀片弹簧被压缩)进入低压缸,此时排气阀在弹簧和中冷器内空气压力的作用下关闭。当低压活塞上行时,气缸内的空气被压缩,其压力大于排气阀片上方压力与排气阀弹簧的弹力之和时,压缩排气阀弹簧而推开排气阀片,具有一定压力的空气排出缸外,而进气阀片在气缸内压力及其弹簧的作用下关闭。两个低压缸送出的低压空气,都经气缸盖的同一通道进入中冷器。经中冷器冷却后,再进入高压缸,进行第二次压缩,压缩后的空气经排气口、主风管路送入主风缸中储存。高压活塞的进、排气作用与低压活塞的进、排气作用相同。

在运用中,主风缸压力保持在一定的范围,如750~900 kPa,它是通过空压机压力控制器(调压器)自动控制空压机的启动或停止来实现的。

(2)螺杆式空压机

①用途和功能。TSAG-0.9ARII型螺杆式空气压缩机组,是专为地铁或轻轨车设计的电动空气压缩设备,主要用途是为地铁或轻轨车辆制动系统提供洁净的压缩空气。其结构组成如图3.57所示。

结构组成:TSAG-0.9ARII型螺杆式空气压缩机组由五大主要部件构成,即驱动装置、空气压缩机体、风冷却装置、空气净化装置和吊架,它们用螺栓连接在一起组成一个紧凑单元。

②工作原理。如图3.58所示,它的主机是双回转轴容积式压缩机,转子为一对互相啮合的螺杆,螺杆具有非对称啮合型面。主动转子为阳螺杆,从动转子为阴螺杆。常用的主副螺杆齿数比根据压缩机容量而有所不同,为4:5、4:6或5:6。两个互相啮合的转子在一个只留有进气口的铸铁壳体里面旋转,螺杆的啮合和螺杆与壳体之间的间隙通过精密

加工严格控制,并在工作时向螺杆内喷压缩机油,使间隙被密封,并将两转子的啮合面隔离防止机械接触摩擦。另外,不断喷入的机油与压缩空气混合,用来带走压缩过程所产生的热量,维持螺杆副长期可靠地运转。当螺杆副啮合旋转时,它从进气口吸气,经过压缩从排气口排出,得到具有一定压力的压缩空气。螺杆副是一对齿数比为4:6以特定螺旋角互相啮合的螺杆。其中阳螺杆(通常作驱动螺杆)为凸形不对称齿,而阴螺杆(常用作从动螺杆)为瘦齿形弯曲齿。两螺杆的齿断面形线是专门设计并经过精密磨削加工的,在啮合过程中两齿间始终保持"零"间隙密贴,形成空气的挤压空腔。

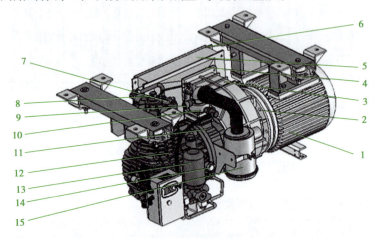

图 3.57 TSAG-0.9ARII 型螺杆式空气压缩机组结构图
1—电动机;2—中托架;3—蜗壳;4—扩压器;5—冷却器;
6—冷却系统;7—机体油气桶部分;8—压力维持阀;9—真空指示器;10—进气阀;
11—机头;12—油气桶;13—油过滤器;14—视油镜;15—空气过滤器

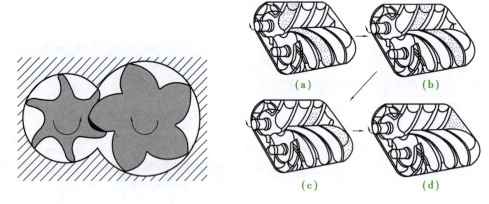

图 3.58 螺杆式空气压缩机工作原理图

(3)特点

①噪声低、振动小。当螺杆式空气压缩机工作时,旋转部件两个螺杆的运动没有质心位置的变动,因而没有产生振动的干扰。经精密加工和精密磨削制造的阴、阳螺杆和机壳之间,互相密贴和啮合的间隙是通过喷油实现密封和冷却的,并不产生机械接触和摩擦,因而在工作中噪声低。

②可靠性高和寿命长。螺杆式空气压缩机工作时除了轴承和轴封等部件外,没有因

相对运动而承受摩擦的零部件。阴、阳螺杆和机壳之间并不产生机械接触和摩擦,在工作中不产生磨损。它的这一特点,形成了其高可靠和免维护的性能。通常螺杆式空气压缩机的检修周期可以保证不短于整车的大修期。

③维护简单。在运用中,检查、检修人员只要注意观察螺杆式空气压缩机的机油油位不低于油表或视油镜刻线;保证空气滤清器不脏到堵塞的程度,那么空气压缩机就能工作,它不需要给予特别的关照。这也就是为什么螺杆式空气压缩机备受青睐的原因。

（4）空气干燥器

空气压缩机输出的压缩空气含有较高的水分、油分和机械杂质等,必须经过空气干燥器将其中的水分、油分和机械杂质除去,才能达到车辆上用风设备对压缩空气的要求。液态的水、油微粒及机械杂质在滤清器(或油水分离器)中基本被除去,压缩空气的相对湿度降低(通常相对湿度在35%以下)是避免用风过程中出现冷凝水危害的主要方式,它依靠空气干燥器来完成。

①空气干燥器的原理:吸附过程是一个平衡反应,即在吸附剂(干燥剂)和与其接触的压缩空气之间湿度趋向于平衡,而相对湿度大的压缩空气与吸附剂的表面接触时,由于吸附剂具有大量微孔,与空气的接触面积大,吸附剂可以大量、快速地吸附压缩空气的水蒸气分子,达到干燥压缩空气的目的;再生过程也是一个平衡反应,用于吸附剂再生的吹扫气体是由较高压力的压缩空气膨胀而来,膨胀时,空气体积增大而压力降低,获得的吹扫气体的相对湿度较低,因而易于"夺"走吸附剂上已吸附的水蒸气分子,使吸附剂恢复干燥状态,达到再生的目的。其特点是在压力下吸附,在大气或负压下再生。所以对任何一种吸附剂来说,它与被吸附的水蒸气的关系是,温度越低,压力越高,单位吸附剂所吸附的水分量就越多;反之,吸附量就少。其原理简言之为"压力吸附与无热再生"。常用的吸附剂有硅凝胶、氧化铝、活性炭及分子筛等。

②空气干燥器的分类。空气干燥器一般都是塔式的,有单塔式和双塔式两种。安装位置和外形如图3.59所示,图3.59(a)为单塔式空气干燥器,图3.59(b)为双塔式空气干燥器。近年来,一些城轨车辆上开始应用膜式干燥器。

（a）单塔式空气干燥器　　　　　　　　　　　　（b）双塔式空气干燥器

图3.59　空气干燥器

3）制动系统

（1）制动系统的分类

制动方式可以按制动时列车动能转移方式、制动力获取方式和制动源动力的不同进行分类。

①按列车动能转移方式分类。动能的转移方式可分为两大类：一类是摩擦制动方式，即通过摩擦把动能转化为热能，然后消散于大气；另一类是动力制动方式，即把动能通过发电机转化为电能，然后将电能从车上转移出去。

a.摩擦制动：列车常用的摩擦制动方式主要有闸瓦制动和盘形制动，在高速电动车组的制动系统中还有轨道电磁制动方式。

b.动力制动：列车在制动时，将牵引电机转变为发电机，列车动能转化为电能，对这些电能的不同处理方式分成电阻制动和再生制动两种形式。

②按制动力形成方式划分。可分为黏着制动与非黏着制动。在常用的制动方式中，闸瓦制动、踏面制动、电阻制动和再生制动均属于黏着制动；磁轨制动则属于非黏着制动。

③按制动源动力分类。目前，列车所采用的制动方式中，制动的原动力主要有压缩空气和电力。以压缩空气为动源动力的制动方式称为空气制动方式。如闸瓦制动、盘型制动等都为空气制动方式。以电为原动力的制动方式称为电气制动方式。动力制动、轨道电磁制动等均为电气制动方式。

（2）制动模式

①弹簧停放制动。由于列车断电停放时，制动缸压力会因管路漏泄无压力空气补充而逐步下降到零，所以停放制动不同于一般的充气——制动，排气——缓解。它是通过弹簧作用力而产生制动作用，能满足列车较长时间断电停放的要求。所设计的弹簧制动力可保证 AW3 超员载荷列车停放于 4% 的坡道上，安全系数可达 1.30。另外，弹簧停放制动除可充气缓解外，还附加有手动紧急缓解的功能。

②紧急制动。列车装备一个"失电制动，得电缓解"紧急空气制动系统，贯穿整个列车的 DC110 V 连续电源线控制紧急制动的缓解。线路一旦断开，所有车辆立即实施紧急制动。紧急制动时，电制动不起作用。紧急制动可不经过微机制动控制单元（以下简称"EBCU"）的控制，直接使制动控制单元（以下简称"BCU"）中的紧急电磁阀失电而产生。

③快速制动。当主控制器手柄移到"快速制动"位时，列车将实施减速度与紧急制动相同的快速制动。

④常用制动。在常用制动模式下，电制动和空气（摩擦）制动一般都处于激活状态。一般情况下（车载 AW2 以下，速度 6 km/h 以上），电制动完全能满足车辆制动要求，当电制动力不能满足制动要求时，气制动能迅速、平滑地补充，实现混合制动的作用。

⑤保压制动。为防止车辆在停车前的冲动，使车辆平稳停车，是 EBCU 内部设定的执行程序。它分两个阶段实施：

第一阶段：当列车制动到速度小于 6 km/h，牵引控制单元（以下简称"DCU"）触发保压制动信号，同时输出给 EBCU，这时，由 DCU 控制的电制动逐步退出，由 EBCU 控制的气制动替代。

第二阶段：接近停车时（列车速度为 1 km/h），一个小于制动指令（最大制动指令的 70%）的保压制动由 EBCU 开始自动实施，即瞬时地将制动缸压力降低。

（3）制动控制系统

制动控制系统是制动系统在司机和其他控制装置的控制下，产生、传递制动信号，并对各种制动方式进行制动率分配、协调的部分。目前的制动控制系统主要有空气制动控制系统、电控制动控制系统两大类。

以压力空气作为制动信号传递和制动力控制的介质时，该制动控制系统称为空气制动控制系统。空气制动控制系统又称为空气制动机，以电气信号来传递制动信号的制动控制系统，称为电气指令式制动控制系统。

（4）制动部件

①EP2002阀。EP2002制动控制系统是轨道车辆制动控制系统的最新一代产品，并在集成机电设计包中采用了分布式结构。EP2002将制动控制和制动管理电子设备以及常用制动（SB）气动阀、紧急制动（EB）气动阀和车轮防滑保护系统（WSP）气动阀都集成到本地安装于各转向架（EP2002先导阀、RIO阀和智能阀）上的单个机电包中。气动系统可以通过一个中心点向各个EP2002阀门供风或从各处向阀门供风。

②电空中继阀。电空转换中继阀把控制空气制动的中继阀、空重车调整阀、常用电磁阀、紧急电磁阀、压力传感器结合为一体，是制动控制系统气路控制的核心元件。

③电子控制单元。即BECU电子控制单元，具有以下功能：

a.检测两个空气簧的压力并通过压力传感器进行空电转换，从而保证无论空车还是超员均可得到稳定的牵引力和制动力。

b.进行电空演算，从而进行常用制动控制，并保证优先使用电制动。

c.具有滑行检测和矫正功能。即测定各个车轴的速度，一旦检测出车轮滑行，则通过控制防滑阀来降低制动缸内部压力，从而尽快恢复黏着。

d.提供状态监测和诊断功能。

④基础制动装置。基础制动装置是空气制动的执行设备，所有的空气制动力均是通过基础制动装置产生的，基础制动装置大致可分为杠杆式基础制动装置和单元式基础制动装置两大类。城市轨道交通车辆一般使用单元式基础制动装置，其特点：具有联杆的紧凑结构；因闸瓦和踏面磨耗造成的闸瓦间隙可由单动式间隙调节器自动校正；恒定空气消耗；司机室集中控制弹簧驱动装置。

3.3.8 列车广播及乘客信息系统

1）列车广播及乘客信息系统概述

列车广播及乘客信息系统（Passenger Information System，PIS）由列车广播系统、乘客信息显示系统和监控系统（CCTV）组成。其主要功能是播放列车到站动态音频运营信息，使旅客及时了解列车的运行情况、到站信息等，方便旅客换乘其他线路，减少旅客下错站的可能性。在发生灾害或其他紧急情况下进行紧急广播，以指挥旅客疏散，调度工作人员抢险救灾，减少意外造成的损失。

乘客信息显示中的音频信号、视频信号经数字处理后变换成数据流，与系统控制信息一起以数据包的方式分时在数字通信网络中传输，实现了通信资源高度共享，为简化系统结构、增强系统功能、提高系统可靠性提供了有力保障。

2)列车广播系统基本组成及功能

(1)列车广播系统基本组成

每列车以中间对称,装有两套完全一致的列车广播设备,每套广播设备主要由司机室设备、客室设备及辅助设备构成。每个司机室各有一套主控设备,两套设备互为热备份。在仅有蓄电池供电的情况下列车广播设备仍能正常工作。

司机室主要设备由司机室广播机柜、广播控制盒、话筒、司机室扬声器、终点站显示屏等设备组成。

客室主要设备由客室广播机柜、紧急报警及对讲装置、动态地图、客室扬声器的设备组成。

目前,城轨列车使用的广播系统分为模拟广播和数字广播。模拟广播采用广播音频总线 + 对讲音频总线 + 列车控制总线,列车控制总线用于列车控制信息传输,广播音频总线用于列车广播音频信号,如话筒音频信号、MP3 数字报站音频信号、Radio 无线音频信号、媒体伴音信号等广播音频信号车辆间的传输,对讲音频总线用于司机室-司机室之间对讲音频信号、司机室-客室之间紧急报警音频信号的传输,实现列车对讲及紧急对讲功能;数字广播采用网线 + 备用音频线连接起来,全系统数据信息在车厢间的传输实现数字网络化,备用音频线用于在网络失效模式下,保证司机话筒广播和司机室对讲功能,具体如图 3.60 和图 3.61 所示。

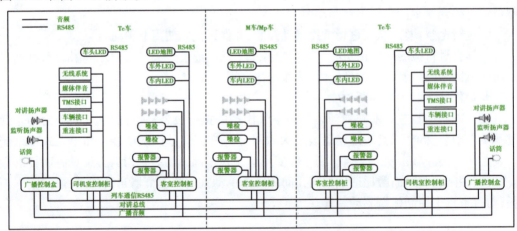

图 3.60　传统模拟广播系统示意图

(2)广播系统的基本功能

列车广播系统具有多音源(司机室话筒、预存储数字语音、OCC 无线电广播、LCD 媒体伴音、多语种(汉语普通话、英语等)、多信息(报站信息、越站信息、紧急通告、营运服务信息等)、多优先级的乘客语音通告系统,并能通过 TMS 传来的 ATC 信息实现全自动广播,并且可根据客室噪声自动调整播音音量。

列车广播系统具有控制中心(OCC)对列车进行广播、人工广播、数字语音报站广播等广播功能,同时具有司机与乘客的对话(乘客紧急报警)、司机室之间对讲功能,广播与对讲功能可同时进行,互不影响。因此,广播优先级缺省设置如下:

①控制中心(OCC)对列车进行广播;

②人工口播广播;

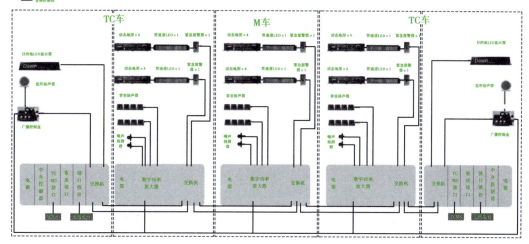

图 3.61　数字广播系统示意图

③预录制应急广播;

④数字语音报站(离站、到站)广播;

⑤媒体伴音广播。

原则上广播与对讲功能可同时进行,互不影响,只有 PIS 系统处于人工广播的情况下,操作人员可根据情况实施相应操作。在高级别的通信要求到来时,立即中断正在播送的低一级的通信,并进行高级别的通信。

以某地铁广播系统为例作一详细说明,该广播系统包含了司机室设备、客室设备及每客室 8 套音箱,通过列车广播控制总线(RS485)和列车广播音频总线,采用总线拓扑结构连接起来。

系统有 4 路信源,分别是无线电广播、数字化报站、麦克风广播及媒体声音信号。各路信源通过音频处理模块完成信源的选择和前级处理,通过列车音频总线将广播音频送往各车厢功率放大器处理后最终在扬声器播放。

列车数字语音报站广播分为全自动、自动、手动和人工 4 种模式。

①全自动数字语音报站广播。操作广播控制盒上的"自动/手动"按键,使广播模式处于"全自动"方式,即 TCMS 数字语音报站广播模式。TCMS 数字语音报站广播是列车广播系统根据 TCMS 发送的列车行车信息进行的数字广播,一般包括起始站 ID 号、终点站 ID 号、下一站 ID 号、站间距、速度信号及开关门信号,列车广播系统根据上述信号进行离站、到站的数字语音广播。数字语音报站广播使用中、英两种语言,数字语音以 MP3 数字音频文件的方式存储在广播主机内的数字报站器模块的 SD 卡内。

②列车广播系统自动广播。操作广播控制盒上的"自动/手动"按键,使广播模式处于"自动"方式,即自动广播模式。自动广播模式是列车广播系统通过广播控制盒设置起点站、终点站、下一站信息后,列车广播系统根据列车提供的5(或25)公里信号、开左右门信号、关门信号完成数字报站广播。当列车广播系统识别到一次开门、关门逻辑且列车速度大于5(或25)公里触发离站数字报站广播,当速度低于5(或25)时触发到站数字报站广播。列车广播系统每完成一次到站广播触发,则下一站信号 ID 值自动累加 1,如果出于非

常原因(如中途停车)造成累加有误,需通过广播控制盒重新设定起点站、终点站、下一站信息。

③列车广播系统手动广播。操作广播控制盒上的"自动/手动"按键,使广播模式处于"手动"方式,即手动广播模式。通过广播控制盒设置起点站、终点站、下一站信息后,手动操作广播控制盒上面的离站、到站按键进行数字报站广播。当一个站点完成离站、到站广播各一次后,通过上下键选择运行线路的下一站点,然后重复上面的动作进行一次离站、到站广播。整个广播站点的信息以及触发都需要司机进行手动完成。

④人工广播。在任何一个司机室,操作人员通过操作广播控制盒上的"人工"按键实现司机室对客室人工广播功能。司机室操作人员按下广播控制盒上的"人工"按键后,"人工 A"按键指示灯开始闪烁。在没有其他更高优先级的广播功能执行的情况下,人工广播功能会被触发,如果人工广播申请成功,"人工"按键指示灯处于常亮状态。人工广播申请成功后,司机室操作人员通过广播控制盒上的手持话筒就可对列车客室广播,客室扬声器和另一侧司机室监听扬声器都可以听到广播,本侧司机室监听扬声器则处于静音状态。广播结束后,司机室操作人员再次按下广播控制盒上"人工"按键结束本次人工广播操作。

3) 乘客信息显示和 CCTV 监控系统基本组成及功能

(1)乘客信息显示系统的基本组成

乘客信息显示系统用来播放音视频信息,既包括实时的节目,也包括录制的广告和视频节目。其主要设备包括无线交换机及天线、LCD 播放控制器、司机室编码板、客室解码板、17″LCD 显示器、LCD 扬声器。这些网络利用通信网络交换多媒体信息流,与网络周边设备一起完成系统全部功能。

(2)乘客信息系统的基本功能

在列车两端司机室内配置功能相同的视频编码设备,接收地面 PIS 系统供货商提供的 LCD 播放控制器输出的模拟 VGA 和音频信息后,经过编码数字化压缩打包通过车载网络传输到客室,客室视频解码设备接收后解码输出给视频分配器分输出到 LCD 显示屏播放显示,显示原理如图 3.62 所示。

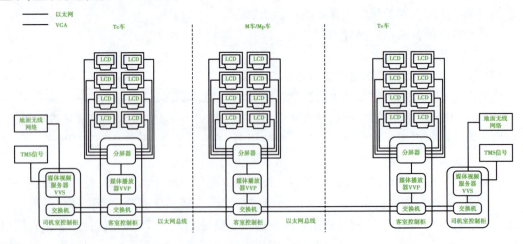

图 3.62　信息显示系统示意图

每列车配置两台或 3 台以上 LCD 播放控制器,采用主备冗余,当列车播放控制器正常工作时播放控制器1为主机,其余2台为热备,当播放控制器1出现故障时,自动切换为播放控制器2为主机,当播放控制器2故障时自动切换为播放控制器3工作,显示方案如图3.63所示。

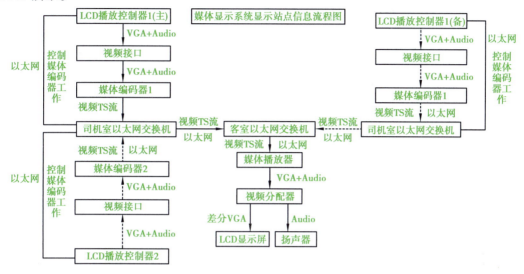

图3.63　媒体播放系统网络连接图

播放输出的视频有实时播放、准实时播放、录播播放3种模式。

实时播放:地面PIS系统供货商提供的LCD播放控制器实时接收中心下发的实时视频信息并播放输出给视频设备。

准实时播放:系统无法与地面进行不间断实时高速通信时,系统进入准实时播出模式。系统在列车进站停靠期间或车辆回库期间,通过在非移动的情况下自动高速传输并预存显示信息,供系统组织播出。

录播播放:系统在接收故障、中心故障或通道故障等情况下无法接收到中心下发的媒体信号时,系统可自动从本地指定的文件目录读取视频播放列表,再按照视频播放列表中视频文件的顺序读取视频文件,通过多窗口叠加视频处理后,输出VGA和音频信号给视频分配器,将视频图像显示在对应的多个LCD显示终端上。

实时播放、准实时播放、录播播放之间的切换均自动完成,不需要人工对车载显示系统进行任何操作。

在没有接收到任何信息时,LCD显示屏将自动黑屏。以避免向旅客显示任何错误信息。当接收到有效信号时,显示屏将重新正常工作。

(3)CCTV监控系统的基本组成

车载视频监视系统是地铁运营、管理现代化的配套设备,是供运营、管理人员实时监视运行列车内的乘客情况,确保安全正点地运送乘客的重要手段。其主要包括客室摄像机、司机室摄像机、客室编码板、网络交换机、硬盘录像机、CCTV显示屏。

(4)CCTV监控系统的基本功能

车载视频监视系统通过安装在客室车厢顶部的摄像机和安装在司机室顶部的摄像机,分别用于监控乘客在客室内的活动情况和记录司机室驾驶员的操作过程,通过安装在司机室内的红外摄像头监控轨道上的情况;并使司机能够通过安装在司机室中触摸式显示屏实时监视或录像回播客室内乘客的活动情况,或通过系统预留的视频无线通信系统上传接口,使位于控制中心的调度管理人员能实时监视查看列车中的视频图像信息。

列车上摄像机采集车厢内乘客情况视频信息及轨道视频信息,通过相应车厢内网络交换机传入司机室车载交换机,并进入车载视频存储服务器,利用司机室触摸屏查看视频图像,同时车载视频服务器将接收车载视频及网管信号,以 IP 包的形式传至移动宽带传输网。控制中心和地面其他部门通过 PIS 移动宽带传输网能够随时调看车载视频监视系统的实时画面和存储的录像资料,如图 3.64 所示。

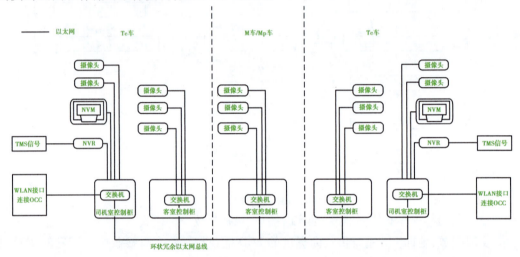

图 3.64　系统拓扑图

列车的所有监控图像同时存储于两视频服务器中,视频服务器能存储本列车所有监控录像文件达 7 天或更长时间,操作人员可使用触摸显示屏查询本车的监控录像文件,并选择回放观看,视频检索、回放与视频存储可同步进行,如图 3.65 所示。

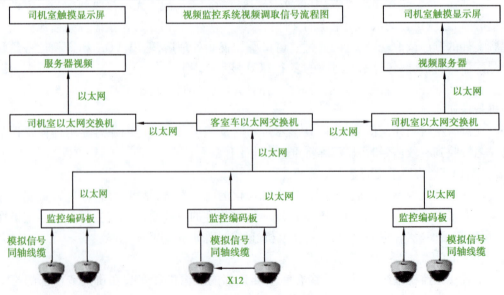

图 3.65　监控视频数据流

列车所有监控视频文件存储在硬盘录像机中,硬盘录像机是一个工业计算机,安装有大容量硬盘,可以满足长时间连续存储的需要。硬盘上安装有 Windows 操作系统,便于鼠标和键盘操作,操作系统中安装有 CCTV 客户端软件,通过软件接收客室传来的监控视频数据,一方面进行显示,另一方面在硬盘上进行存储。

列车司机可通过司机室触摸屏监视本列车所有摄像机的监控画面,包括所有客室和两司机室及轨道。列车司机可在司机室触摸屏上选择本列车内任意一摄像机的图像显示,既可用各种时序自动循环切换,也可由列车司机手动切换。正常情况下,列车司机通过触摸屏监视车厢的实际情况,监视方式有单屏、分屏和单屏循环显示,分屏循环显示等,循环显示时间可调;分屏循环显示时,分割画面可实现 1、4 分割显示;列车司机在监视过程中随时可以变动监视方式。例如,在分屏循环显示的情况下,如果发现某一个车厢情况异常,则可采用单屏的形式,手动切换至该车厢画面。

3.3.9　列车监测及控制系统

1)概述

计算机技术的发展使其在列车上的应用日益增多,如列车牵引系统、辅助供电系统、制动系统以及乘客信息系统、空调等系统都广泛应用了计算机技术,使得车载计算机设备的数量不断增加。在网络化之前,列车控制方式多是用一根或多根列车线路上的列车线,即"硬线"来监视或控制列车的每一项功能。例如,在一列地铁列车组中,可能会用一对列车线来控制全部左边的车门,再用另一对列车线来控制全部右边的车门。而车门关闭状态的监视,同样分别需要两对列车线来负责,一对负责监控左侧车门关闭情况,一对负责右侧车门关闭情况。采用此种控制方式,更多子系统意味着更多的连线和更多的电耦合器管脚及更高的故障率。由此看来,随着车上自动化程度的不断提高,简单的硬线控制方式显然不满足未来列车的控制需求,所以在列车控制系统中引入通信网络是非常必要的。

列车监测及控制系统是列车车辆上的中央控制单元和终端控制单元间,与其他系统设备间(牵引系统设备、制动系统设备和空调等)进行数据信息交换,以及对其他系统进行监视、控制和检查的综合信息系统。该系统具有牵引控制、制动控制、设备状态监测与控制、辅助设备控制等功能。该系统可以记录、存储车内设备的数据信息,便于进行故障分析与排除,负责整列车各个部分信息的采集与传递,对整列车进行控制、检测、诊断及记录,并为乘客提供信息服务。列车通信网络将整列车连成一个整体,司机对整列车的控制命令通过列车通信网络传送到列车的每辆车上,而每辆车的工作状态及故障信息可通过列车通信网络传送到司机显示屏,使整列车有效而安全地运行。同时这些信息可以传送回基地。

通信模式均为半双工、主从模式。

半双工:数据传输可以在一个信号载体的两个方向上传输,但是不能同时传输。

主从模式:总线上必须有总线管理器(主设备),通信才能建立。总线管理器负责整个总线调度。

根据机车车辆的特点和网络拓扑结构,车载网络拓扑形式通常构造成两级或三级总线。

最高层为列车网,用于与整个列车的重联控制和逻辑顺序控制相关的一些指令信息发布和状态信息反馈,实现多个车辆网的数据交换。中间层为车辆网,用于整个车辆网内部的智能电子设备的互连,实现本车厢内部的数据交换。第三层设备网,直接与系统的检测传感器、执行机构相连。车载网络根据拓扑需要有时不需设备网,只使用列车网和车辆网。

现场总线虽然种类繁多,但是如果从机车车辆的网络拓扑结构形式来划分,可分为以下 3 种。

①用于列车网的现场总线有 WTB、WORLDFIP、以太网。

②用于车辆网的现场总线有 MVB、WORLDFIP、RS485、LONWORKS、CAN、以太网。

③用于设备网的现场总线有 CAN、MVB、RS485。

2)数据通信基础

（1）信息

信息是对客观事物特征和运动状态的描述,其形式可以有数字、文字、声音、图形、图像等。

（2）数据

数据是传递信息的实体。通信的目的是传送信息,传送之前必须先将信息用数据表示出来。数据可分为模拟数据和数字数据两种。用于描述连续变化量的数据称为模拟数据,如声音、温度等;用于描述不连续变化量(离散值)的数据称为数字数据,如文本信息、整数等。

（3）信号

信号是数据在传输过程中电磁波的表示形式。信号可分为模拟信号和数字信号两种。模拟信号是一种连续变化的信号,其波形可以表示为一种连续性的正弦波。数字信号是一种离散信号,二进制信号是最常见也是最简单的数字信号,表示数字"0"和数字"1",其波形是一种不连续方波。

（4）总线

总线是将信息以一个或多个源部件传送到一个或多个目的设备的一组传输线。简单地说,就是多个设备间的公共连线,用于在各个部件之间传输信息。通常以 MHz 来描述总线频率。

3）MVB 介绍

（1）MVB 车辆总线特性参数（图 3.66）

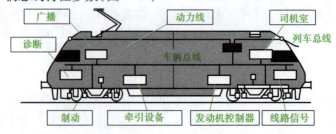

图 3.66　MVB 车辆总线示意图

数据速率:1.5 Mbit/s。

基本数据周期:1 ms。

最大距离:不同介质的传输距离不同,ESD:20 m;EMD:200 m;光纤:2 000 m。

最大节点数:32。

介质:屏蔽双绞线,光纤。

协议:MVB专用协议。

编码:曼彻斯特编码。

(2)MVB网络拓扑结构图(图3.67)

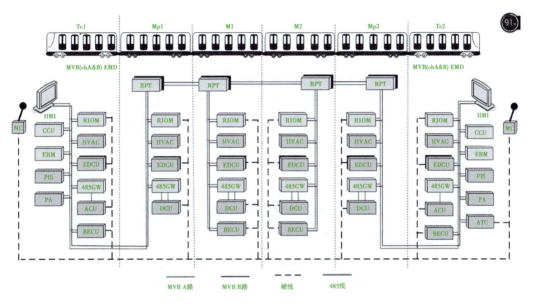

图 3.67   MVB 网格拓扑结构图

(3)MVB设备分类(表3.5)

表3.5   MVB设备分类

设备类型	功能描述
0 类设备	特殊设备,不参与任何应用数据交互,如中继器
1 类设备	具有设备状态性能和过程数据性能
2 类设备	具有设备状态性能、过程数据性能和消息数据性能
3 类设备	具有设备状态性能、过程数据性能、消息数据性能和用户可编程性能
4 类设备	具有设备状态性能、过程数据性能、消息数据性能、总线管理性能(也可具有用户可编程性能)
5 类设备	具有设备状态性能、过程数据性能、消息数据性能和TCN网关性能(也可具有总线管理性能)

(4)MVB车辆总线拓扑-单段(图3.68)

单段总线长度有最大要求。如果连接设备比较多,可能需要很大长度。尤其是在列车内用到专门的"走线槽"时,可能会比不用线槽长几倍。实际的例子表明,在一个 20 m 的车辆中线路长度可能会达到 200 m。

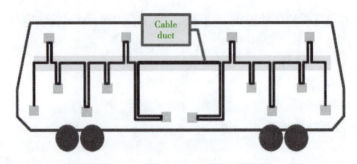

图 3.68　MVB 车辆总线拓扑-单段

（5）MVB 车辆总线拓扑-双段（图 3.69）

采用一个中继器,连接两个总线段;两个 MVB 段都不用采用线路冗余。因为所有的"冗余对"都可以连接到不同的总线段,设计时注意不要将冗余对布置在同一个总线段上,即使一整条总线段都出现问题,列车仍然能够正常运行,剩下的好的段仍能够连接所有重要的设备以及一半不重要的设备。

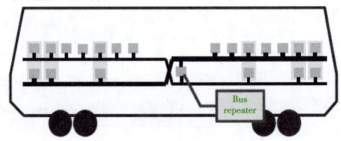

图 3.69　MVB 车辆总线拓扑-双段

（6）MVB 车辆总线介质类型——ESD（图 3.70）

无须电气隔离,在短距离内(20 m)依照 RS485 标准连接设备,主要应用在一个机箱内部。

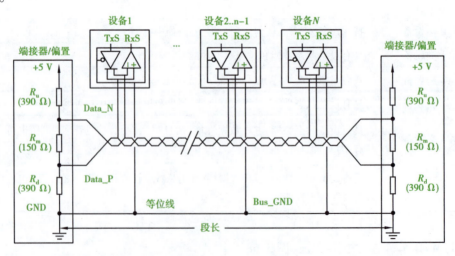

图 3.70　MVB 车辆总线介质类型——ESD

（7）MVB 车辆总线介质类型——EMD（图 3.71）

EMD 与 ESD 区别在于是否进行电气隔离,一般采用低成本的变压器耦合隔离。

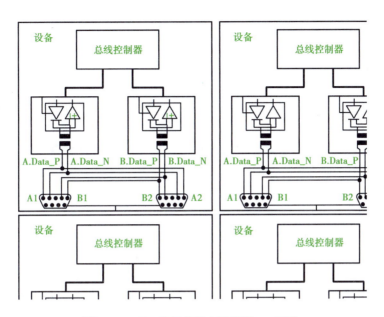

图 3.71　MVB 车辆总线介质类型——EMD

（8）MVB 车辆总线介质类型——光纤（图 3.72）

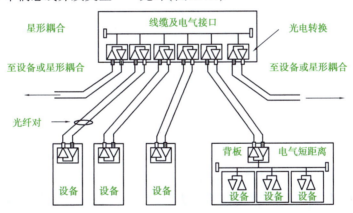

图 3.72　MVB 车辆总线介质类型——光纤

4）TCMS 设备描述

中央控制单元（CCU）是列车网络控制系统的关键设备，主要完成总线管理、列车控制、监视和故障诊断功能，因此，在整个列车网络中对 CCU 作了热备冗余配置。

①结构组成。中央控制单元（CCU）由电源模块、CPU 模块、通信模块组成。

A. 电源模块。

DC 110 V 供电，输出 DC 5 V；电源电压波动符合 EN50155 的要求。

B. CPU 模块。CPU 采用 DSP 处理器。

C. 通信模块。MVB 主卡模块采用符合 IEC61375 标准的 4 类 MVB 板卡，具有总线管理、过程数据收发、消息数据收发和总线状态监视等功能。

②远程输入/输出模块（RIOM）。完成列车各种数字量、模拟量信号的采集和控制信号的输出。电压电流范围可根据负载的变化进行配置，满足车辆整体设计要求。

远程输入/输出模块（RIOM）是由电源模块、通信模块及各种输入/输出模块组成。输入/输出模块有数字量输入模块、数字量输出模块、模拟量输入模块、模拟量输出模块等多种类型,可根据实际设计需要进行不同的组合,以满足用户要求。

③人机接口单元。列车显示屏(HMI)作为列车网络控制系统的关键设备,是列车的人机接口单元,能够实时显示列车的运行状态,向列车输出控制命令,记录列车故障信息,从而让列车驾驶员能够时刻了解列车的综合运行情况,合理操作列车。

④列车事件记录仪(ERM)。它是列车网络控制系统的重要组成部分,ERM 接收各个子系统通过 MVB 总线传输的故障信息,按照故障分类进行存储和报警提示。ERM 可根据需求配置无线传输、IO 采集等功能。

5)功能描述

①时间管理。TCMS 管理网络系统时间,将时间信息广播给列车各子系统,时间信息可作为各系统的时钟校准、显示及故障记录。TCMS 时间的来源有 ATC,HMI,ERM,TCMS 优先使用 ATC 时间,当 ATC 不在线时可使用 HMI 系统时间,HMI 不在线时可使用 ERM 系统时间。当检测到系统时间与 VCU 发送时间误差大于 5 s 时自动更新系统时间。

②设备在线判断。TCMS 为各子系统统一分配的 MVB 地址,VCU 根据各子系统发送的生命信号及各系统 MVB 端口的通信状态来综合判断设备的在线状态。

生命信号在一定时间内未发生变化,TCMS 认为该设备掉线,32 ms、64 ms、128 ms 的端口延时 1 s,256 ms 延时 2 s,512 ms、1 024 ms 延时 4 s。

③司机室激活。TCMS 通过 RIOM 的 DI 采集 1 车和 6 车的钥匙激活状态,用来判断列车司机室激活状态及激活方式。

④列车速度。ATO 模式时,列车速度采用信号系统速度。非 ATO 模式时,TCMS 计算列车速度进行显示。TCMS 计算速度来源于制动系统动轴速度。

⑤牵引系统。TCMS 系统具有牵引控制功能。列车每个动车各有一个 DCU。在牵引系统中,中央控制单元(CCU)通过 485 GW,向牵引控制单元传输指令信息,同时牵引控制单元通过列车通信网络将牵引系统的状态信息、故障信息传递给中央控制单元,从而实现列车控制及监控系统对整车牵引系统的控制。

⑥辅助系统。TCMS 具有辅助系统控制功能。列车网络控制系统通过 485 GW 与辅助系统进行通信,TCMS 向辅助系统发送控制指令,辅助系统将故障信息和状态信息传递给中央控制单元和人机接口单元。

⑦制动系统。正常情况下,中央控制单元(CCU)通过列车总线和车辆总线向制动系统传输控制指令信息,制动控制单元实现各车的制动控制功能;同时制动控制单元通过列车通信网络将制动系统的状态信息、故障信息传递给中央控制单元,从而实现列车控制及监控系统对整车制动系统的状态和故障的监视功能。

⑧门控系统。考虑列车的安全性,开/关车门采用列车硬线控制。TCMS 系统具有对门控系统的监控功能(列车硬线控制为主)。各车均有两个 EDCU 具备 MVB 接口与 TCMS 系统通信,其中一个为主门控器,另一个为从门控器,当主门控器与 TCMS 系统通信失败时,从门控器将接管主门控器的功能。与此同时,门控系统的状态信息通过门控器传送给列车 TCMS,用于显示以及故障记录功能。

⑨空调系统。列车空调系统 DC110 V 控制电源、机组负载 AC380 V 运行电源正常提供条件下,各车空调控制单元将根据日期和时间信息进行初始化,向 TCMS 提供空调系统

压缩机的启动请求信号,用于请求启动该车的空调机组。此后 TCMS 根据辅助电源的运行状态和空压机的启动情况,发出空调系统压缩机启动允许指令。整个控制过程必须保证位于一个半列车空调系统的两个压缩机不能同时启动,空压机和空调系统的压缩机不能同时启动。根据辅助电源的运行状态,TCMS 进行逻辑判断后发出空调系统压缩机启动的允许指令。

⑩乘客信息系统。TCMS 通过 MVB 与列车乘客信息系统 PIS 进行通信,TCMS 将控制信息发送给 PIS 实现控制功能,PIS 将状态信息及故障信息发送给 TCMS 进行显示和记录。

⑪ATC 系统。TCMS 通过 MVB 与 ATC 系统进行通信,TCMS 转发牵引制动控制信息给 ATC 进行列车控制,ATC 发送控制信息、状态信息、故障信息给 TCMS 进行数据转发、状态显示和故障记录。

6)故障诊断规则

列车诊断系统是列车网络控制系统的重要组成部分,可以协助司机和检修人员进行工作,当故障发生时,协助司机采取适当的操作,并使维护人员更容易地查找并解决故障。列车诊断系统硬件包括 CCU(列车控制单元)、HMI(司机室人机接口)、RIOM(远程输入/输出模块)、ERM(列车数据记录仪)等,由位于 Tc1 车、Tc2 车的 ERM 集中实现。ERM 接收各个子系统通过 MVB 总线传输的故障信息,按照故障分类进行存储和报警提示。

7)故障等级

根据故障对子系统或列车的性能或安全性的影响划分为不同的故障等级,用于列车诊断的故障等级分为以下 3 个等级:

1 级:严重故障,列车必须在本站或下一站退出服务。如"BCU 严重故障"等影响牵引/制动性能的故障。

2 级:中级故障,即影响运营的故障,列车必须在终点站退出服务,返段检修,如"PIS 系统严重故障"等影响运营服务质量的故障。

3 级:轻微故障,即不影响运营服务的其他故障,将在列车进行日常检修时处理,如"空调系统严重故障"等不影响运营服务的故障。

列车子系统部件故障应划分为以下 3 个故障等级:

轻微故障:不影响部件系统功能的故障。

中等故障:限制部件系统功能的故障。

严重故障:严重影响系统的故障,系统自动关闭。

在子系统部件单个故障发生时,故障诊断系统可根据整列车的故障情况及该子系统部件故障对列车运营的影响程度,对故障综合评估,并给出合适的应急指引,对于所有子系统的故障,都将对应到列车故障等级。

3.3.10　空调及采暖系统

1)空调及采暖系统概述

地铁车辆空调系统为司机室和客室提供冷风和新鲜空气,以提高司机驾驶和乘客乘坐的舒适性。空调系统主要由空调机组、司机室送风单元,客室风道、幅流风机、废排装置等设备组成,如图 3.73 所示。

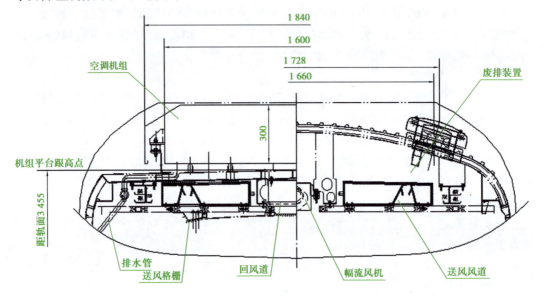

图 3.73　空调系统组成

新鲜空气通过新风口进入空调机组,然后与来自客室的回风相混合。混合空气经处理后通过供风风道进入客室。同时车内的空气通过蒸发器时,空气中的水分冷凝成水滴,被引到车外而起除湿作用。在内部,每个空调机组有两个独立运行的制冷回路。

车辆采暖系统为司机室和客室提供暖风和新鲜空气,以提高司机驾驶和乘客乘坐的舒适性。车辆采暖功能通过客室电热器和司机室电热器组成等加热设备实现。

2)空调系统的工作原理及组成

(1)空调机组的基本工作原理

地铁空调制冷系统由压缩机、冷凝器、毛细管、蒸发器组成,用管道将其连成一个封闭的系统。

其工作过程如下:制冷剂在压力 P_0、温度 t_0 下沸腾(t_0 低于被冷却空气的温度)。压缩机通过气液分离器不断地抽吸蒸发器中产生的蒸汽,并将它压缩到冷凝压力 P_k,送往冷凝器。在压力 P_k 下等压冷却冷凝成液体,制冷剂冷却冷凝时放出的热量传给冷却介质——外界空气(与冷凝压力 P_k 相对应的冷凝温度 t_k 高于冷却介质的温度)。冷凝后的液体通过膨胀阀或其他节流元件进入蒸发器。当制冷剂通过膨胀阀时,压力从 P_k 降到 P_0,部分液体汽化,剩余液体的温度降至 t_0,于是离开膨胀阀的制冷剂变成温度为 t_0 的两相混合物。混合物中的液体在蒸发器蒸发,从被冷却空气中吸取它所需的汽化潜热。混合物中的蒸汽通常称为闪发蒸汽,在它被压缩机重新吸入之前几乎不再起吸热作用,如

图 3.74 所示。

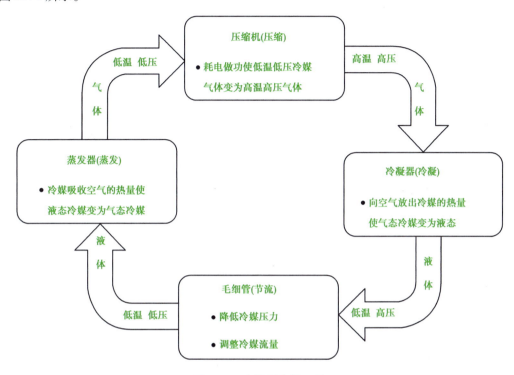

图 3.74　空调制冷原理图

在整个循环过程中,压缩机起压缩和输送制冷剂蒸汽的作用,是整个系统的心脏;节流元件对制冷剂起节流降压作用,并调节进入蒸发器的制冷剂流量;蒸发器是输出冷量的设备,制冷剂在蒸发器中吸收被冷却空气的热量,从而达到制取冷量的目的;冷凝器是输出热量的设备,从蒸发器中吸取的热量连同压缩机消耗的功所转化的热量在冷凝器中被冷却介质带走。根据热力学第二定律,压缩机所消耗的功(电能)起了补偿作用,使制冷剂不断从低温物体中吸热,并向高温物体放热,从而完成整个制冷循环。

车内的循环空气及由新风口引入的新鲜空气,由机组的通风机吸入,在蒸发器前混合,通过蒸发器得到冷却,并由机组底部出风口送入车顶通风道各格栅,向车内吹出冷风。在制冷系统连续工作下使车内温度逐渐降低,并由温度调节器自动调节车内空气温度。冷凝器的冷凝借助于轴流风机,从机组上方吸进外界环境空气,经过冷凝器后,向两侧排出。

(2)空调系统的基本组成及各部件功能

空调机组的主要部件包括全封闭制冷压缩机两台、冷凝器两台、毛细管两组、蒸发器两台、干燥过滤器两个、离心风机两台、轴流风机两台、气液分离器两个、回风电动阀1个、新风电动阀两个、新风感温头1个、回风感温头1个等。

空调机组分为室内侧和室外侧,其中室内侧分为蒸发腔和新风腔,室外侧分为压缩机腔和冷凝腔。离心风机、蒸发器、回风电动阀、回风滤尘网等安装在蒸发腔;气液分离器、新风电动阀、新风滤尘网等安装在新风腔;压缩机、压力开关、干燥过滤器、电磁阀等安装在压缩机腔;轴流风机、逆止阀和冷凝器等安装在冷凝腔。空调机组的箱体和上盖全部采用不锈钢板制成。组成制冷系统的部件及配管全部用银钎焊连接,构成全封闭的制冷循环系统,制冷剂封闭在制冷系统内。空调机组的回风口在机组底部中间处,冷风出口在机组底部两侧,新风口在机组左右侧板的中间部位。空调机组新风腔处装有新风过滤网,车内回风口处装有回风过滤网,对车内循环风进行过滤。

①压缩机。制冷压缩机为全封闭卧式涡旋式压缩机,是将电动机、压缩机构及供油系统组装在同一个密封的机壳内。制冷压缩机通过橡胶减震器安装在空调机组箱体内。制冷压缩机的作用是将来自蒸发器的低温低压的制冷剂气体压缩成高温高压的制冷剂气体,并送往冷凝器。

②离心风机。室内侧通风机为直联多叶片式离心风机。通风机可以强化冷媒在蒸发器中的蒸发过程,并将经蒸发器冷却降温的空气送入车内。

③轴流风机。室外侧通风机为直联轴流式风机,风机的叶轮安装在立式电机上,并采取防水结构。室外侧通风机用于强化冷媒在冷凝器中的凝结放热过程。

④蒸发器。为铜管套铝肋片的直接蒸发式空气冷却器。低温低压的气液混合的冷媒在蒸发器内蒸发,当车内循环空气和新鲜空气混合后,通过蒸发器时进行热交换。这时,空气的热量被蒸发器内的冷媒吸收,温度降低。

⑤冷凝器。其结构形式与蒸发器相同。高温高压的制冷剂气体,通过冷凝器时,在外界空气的强制冷却下,变成常温(约50 ℃)高压的制冷剂液体。

⑥毛细管。为一组内径极小的细长铜管,当高压液体冷媒流经这组高阻力管时,起节流降压的作用。

⑦干燥过滤器:将滤网固定在容器内,并封入干燥剂,过滤冷媒中的残余杂质,吸取冷媒中的残留水分。

⑧高压压力开关。当制冷系统的压力异常高时,高压开关动作,停止压缩机的运转,保护制冷系统。高压开关的复位方式为自动复位。

⑨低压压力开关。当制冷系统的压力异常低时,低压开关动作,停止压缩机的运转,保护制冷系统。低压开关的复位方式为自动复位。

⑩旁通电磁阀。为保证压缩机在长时间停止后以及温度较低情况下启动时的轴承润滑,需要在一定时间内(从压缩机启动开始30 s)打开旁通电磁阀,与压缩机同时启动,30 s后断电。

⑪容量控制电磁阀。此电磁阀配合压缩机内能量调节机构可以控制压缩机的容量,通过两个电磁阀的开闭及每台机组两台压缩机工作状态组合,进行全运转以及控制容量运转的切换。当打开高压侧,关闭低压侧时,为全运转状态;当打开低压侧,关闭高压侧时为容量控制运转状态。

⑫液管电磁阀。安置在冷凝器出口,防止压缩机停止时冷媒液倒流入压缩机侧,防止造成再次启动时润滑不良。液管阀与压缩机同时启动,同时停止。

⑬逆止阀。安装在压缩机的排气管上,在压缩机停止时,防止冷媒液从排气管逆流回压缩机侧。

⑭吸气过滤器。安装在压缩机的吸气管上,过滤吸气冷媒中的残余杂质。

3)空调机组控制原理

列车空调系统必须在激活端的司机室操作其运行或停机,通过司机室的触摸显示屏即可开启或关闭整列车的空调机组。

（1）空调机组的控制

空调由一个基于温度控制的微处理器来控制，其一直传送车内所要保持最佳温度的指令，并且其也是控制和保护空调系统内部元件的自动装置。控制器通过数字输入/输出与列车信息系统相连。

空调分手动模式与自动模式。当将列车空调置于"自动"位时，空调按 UIC 温度曲线计算的温度值进行制冷；当将列车空调置于"手动"位时，空调机组根据各自的温度控制器所设定的温度进行客室内温度控制。为了实现此功能，控制器需要控制机组中的不同元件，以使空调的制冷量能够满足客室内的要求。微处理器计算出由温度传感器测试的室温和设定温度之间的差值，得到一个差值函数。机组提供给客室的制冷量与机组的运行模式取决于这个差值函数。

（2）空调机组的运行模式

列车空调机组以网络通信模式控制机组通风、制冷。如果网络未接入，可通过触摸屏设定空调机组通风、弱冷、强冷、自动、停机等状态。

通风状态：两个机组的送风机全部运行，而且新风阀、回风阀全部打开。

弱冷状态：两个机组的送风机全部运行，冷凝风机也全部运行，每个机组的压缩机只有累计运行时间少的压缩机运行，即一半的压缩机启动。

强冷状态：两个机组的送风机全部运行，冷凝风机全部运行，每个机组压缩机全部运行，即所有的压缩机启动。

自动状态：列控（网络）给定自动冷温度 T 值及指令，以西安地铁为例，当室温 $t_0 \geq T + 3.5 \, ℃$，双机制冷，具体流程如下：

送风机运行→延时 5 s→冷凝风机运行→延时 15 s→累计运行时间少的压缩机运行→延时 5 s→另一台压缩机运行→降温至室温 $t_0 \leq T + 2 \, ℃$→运作时间多的压缩机先停机→当室温 $t_0 \leq T \, ℃$ 时→延时 3 s→另一台压缩机停机→延时 5 s→冷凝风机停机→送风机继续运行→如果需要停送风机延时 15 s→可以停送风机。

停机状态：所有的通风机、冷凝风机、压缩机均停止运行。

以上几种运作模式可通过单节车的显示操作屏来控制单节车机组的运行，也可通过司机室的触摸显示屏选择运作模式，其指令通过列车的中央控制单元、终端控制单元、总线、空调网关传送给每节车空调控制柜内的 PLC 主机单元，从而实现对整列车的空调机组进行集中控制。

（3）新风阀、回风阀运作模式

新风阀、回风阀工作电压为 DC 24 V。新风阀、回风阀在关闭状态时，触点闭合，风阀在打开状态（完全打开及未完全打开）时，触点断开自动断电。

不同工况对应的风阀状态见表 3.6。

表 3.6　对应的风阀状态

工况描述	新风阀	回风阀
预冷	全关	全开
通风、制冷	全开	全开
应急通风	全开	全关

(4)空调机组的运行逻辑

启动顺序为通风机、冷凝风机、压缩机,若前级不能启动,后级则不被允许启动。

①通风机。正常通风/制冷模式下,首先是两台通风机同时运行(如图 3.75KM11 和 KM12 闭合),供电运行电压为三相 380 V、50 Hz。紧急通风时,由紧急逆变器将 110 V 直流电逆变为 380 V、50 Hz 交流电供电给通风机。

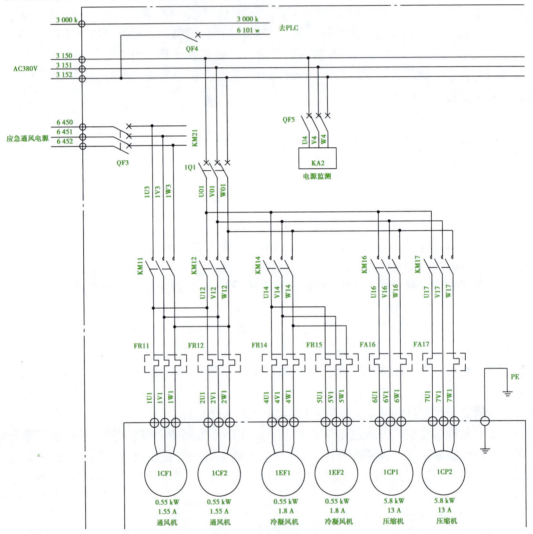

图 3.75 空调机组运行原理图

②冷凝风机。只有在送风机运行后,冷凝风机才能运行,并且冷凝风机的起停还受风机过热保护。送风机运行后,由控制器发出的指令控制冷凝风机三相电源的接触器闭合;当外界温度不高时只需运行机组中的 1 个制冷系统,只运行其对应制冷系统的冷凝风机,当外界温度高,一个制冷系统运行的制冷量不足,需运行两个制冷系统时,机组的两台冷凝风机都运行。当单台冷凝风机运转时,两台风机是随着其对应的制冷系统,即制冷系统 1 运行时运行冷凝风机 1,制冷系统 2 运行时运行冷凝风机 2。

③压缩机。压缩机的启动是在送风机、冷凝风机运行后,若前级的送风机、冷凝风机

不能运行,则压缩机不能启动,压缩机的起停又受到温度的控制,并受系统压力的保护。压缩机继电器闭合的先决条件为冷凝风机三相电源的接触器闭合,低压压力开关与高压压力开关未触发保护;然后控制器才能给出信号使继电器闭合启动压缩机。当单个压缩机运行时,机组内的两台压缩机是交替运行的,控制器内记录了各台压缩机的运行时间,控制器根据此时间来确定启动哪台压缩机运行,从而保证两台压缩机的运行时间均衡。

以广州地铁为例,压缩机压力开关触发压力分别为:低压压力开关——当低压压力低于(1.25 ± 0.5) bar 时,压缩机被停机;当低压压力上升高于(3.0 ± 0.5) bar 时,压缩机可再次启动。高压压力开关——当高压压力高于(30.0 ± 1.0) bar 时,压缩机被停机;当高压压力下降低于(25.0 ± 1.5) bar 时,压缩机可再次启动。

4)常见故障和处理方法

空调机组常见的故障可分为两大类:一类是制冷系统的故障;另一类是电气控制系统的故障。

(1)制冷剂泄漏

制冷系统中制冷剂泄漏是最常见的故障,其泄漏部位主要发生在管路的焊接处、压缩机吸排气口的连接处、压力开关的引接处等,由于管路焊接不良或车辆运行中冲击、振动造成连接螺钉松动或连接部位多次振动后出现裂纹原因等均可引起系统制冷剂泄漏。

制冷剂的泄漏出于原因不同,其泄漏程度也不尽相同。较轻微的泄漏可造成机组制冷不良;严重的泄漏可引起制冷量不足,低压压力过低而压力开关保护动作,蒸发器吸热不足等现象。

制冷剂的检漏可采用以下 3 种方法:

①外观检查:由于制冷剂泄漏会渗出冷冻油,一旦发现管路某处有油迹的话,可用白布擦拭或用手直接触摸检查,并做进一步确认。

②泡沫检漏:这是一种简便的方法,用混有清洁剂的水涂在预计可能发生泄漏的被检处,若该处有泄漏的话,将会出现气泡,从而可以确定确切的泄漏发生位置。

③电子检漏仪:用电子检漏仪接近被检处,一旦检漏仪测到有泄漏,将发出异常的声音予以提示,此时应擦拭干净触头,在怀疑处再次测试确认。

(2)低压故障

压缩机低压压力过低可能的原因有制冷系统有泄漏、制冷剂不足、膨胀阀等低压处开启不足、外界温度过低、蒸发器入口有堵塞等。

(3)高压故障

制冷系统中真正导致压力过高的最大可能是系统中混入了空气,或者是在机组低压部分压力偏低时空气被压缩机吸入,或者是在维修中因操作不当而使空气混入系统中。由于空气是不凝性气体,它在系统中的存在将直接产生如下不良后果:压缩机负荷增大,且温升异常,电机过热或烧损;冷凝压力上升,制冷量下降;高压压力开关动作,系统无法正常运行。一旦发现有空气混入系统中,必须立即加以处理。

压缩机高压过高的原因还包括外界温度过高、冷凝器入口或出口有堵塞、冷凝器脏、制冷剂过多、冷凝风机不工作或工作异常等。

3.3.11 列车高压供电系统

1)概述

列车高压供电系统是负责将接触网(或第三轨)电源能量引入列车,并通过高压母线将其传输到牵引、辅助等高压用电系统,以实现列车的牵引、电制动、辅助供电等功能;且可以在列车实施电制动时将部分再生电能回馈至接触网(或第三轨);列车高压供电系统中还含有避雷器、母线熔断器、隔离开关等保护设备,以确保系统的可靠性。

2)列车高压供电系统的基本组成及相关功能

常用的列车高压供电系统应至少包含以下组成部分:受电弓(受流器)、高压母线、避雷器、母线熔断器、母线隔离开关、母线连接器、牵引电制动系统、辅助电源系统等。各组成部分的相关功能如下:

①受电弓(受流器):用于将接触网(或第三轨)电源的电压、电流引入电客车,或将电客车电制动时再生的能量传输到接触网(或第三轨)的设备。其外形结构见表3.7(此处仅为举例)。

表3.7　受流器外形结构图

受电弓1	受电弓2	受电弓3	受电弓4
受流器1	受流器2	受流器3	

②高压母线(高压电缆):连接受电弓与列车内高压用电系统的电缆传输介质,用于传输电压、电流等。其外形结构见表3.8(此处仅为举例)。

③避雷器:用于当列车发生雷击或操作过电压时将顺势产生的大电压传导至大地,从而对列车高压供电系统各用电设备进行了有效的保护。避雷器通常安置于受电弓(受流器)和车体之间。其外形结构见表3.9(此处仅为举例)。

④母线熔断器:用于当列车高压供电中出现短路或大电流时,当热量累积到一定程度时快速熔断,起到对熔断器之后的电缆、高压设备保护的作用,母线熔断器通常安置于受电弓(受流器)与高压设备之间(注:通常安放于箱体之中)。其外形结构见表3.10(此处仅为举例)。

表3.8　高压电缆外形结构图

高压电缆1	高压电缆2	高压电缆3

表3.9　避雷器外形结构图

避雷器1	避雷器2	避雷器3	避雷器4

表3.10　母线熔断器外形结构图

熔断器1	熔断器2	熔断器3	熔断器4

　　⑤母线隔离开关:用于在检修时将高压供电系统设备与受电弓(受流器)电源输入侧断开隔离,以确保高压设备维修过程中无高压电流入,从而保证了维修人员的人身安全,母线隔离开关通常安置于受电弓(受流器)与高压设备之间(注:通常安放于箱体之中)。其外形结构见表3.11(此处仅为举例)。

　　⑥母线连接器:用于列车车厢之间高压供电的连接,用以实现车厢之间高压电的传输,且在列车大修时方便高压电气回路的解编,一般安装在车厢外侧端部的高压接线箱上。其外形结构见表3.12(此处仅为举例)。

　　⑦牵引电制动系统:用于在列车行进过程中为列车提供牵引和电制动力,系统通常包括高速断路器、主隔离开关、牵引逆变器装置(VVVF)、牵引电机等。其外形结构见表3.13(此处仅为举例)。

表 3.11　母线隔离开关外形结构图

隔离开关 1	隔离开关 2	隔离开关 3	隔离开关 4

表 3.12　母线连接器外形结构图

连接器 1	连接器 2	连接器 3	连接器 4

表 3.13　牵引电制动系统外形结构图

高速断路器	主隔离开关	逆变器装置	牵引电机

⑧辅助电源系统:用于将接触网(或第三轨)引入的高压直流电变换成稳定的工频 AC380 V、DC110 V、DC24 V 辅助电源供车辆的空调、照明、电热等辅助系统工作。系统通常包括辅助熔断器、辅助隔离开关、辅助逆变器装置(SIV)、整流装置等。其外形结构见表 3.14(此处仅为举例)。

表 3.14　辅助电源系统主要部件外形结构图

辅助熔断器	辅助隔离开关	辅助逆变器装置	整流装置

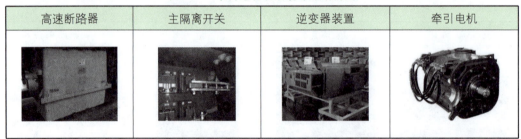

3)几种列车经典高压供电介绍

地铁列车内部采取什么形式的高压供电才最为合适,需要综合考虑多种因素,如地理环境、客流量、设备性能等。下面来介绍几种典型的高压供电。

(1)3 动 3 拖(单母线贯通型)

3 动 3 拖列车高压供电示意图,如图 3.76 所示。

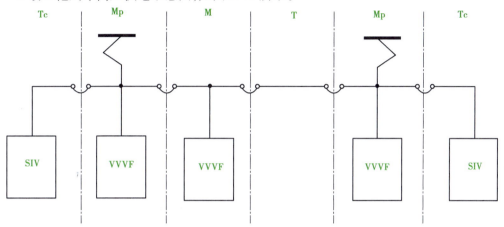

图 3.76　3 动 3 拖列车高压供电示意图(单母线贯通型)

其中,Tc 车为带司机室拖车,Mp 车为带受电弓动车,M 车为不带受电弓动车,T 车为不带司机室拖车。整列车的高压电传输仅由一根高压母线贯通,车厢之间的高压母线(电缆)由连接器连接,当一个受电弓失电后,另一个受电弓将向全列车 VVVF 和 SIV 供电。列车高压供电中其他电气设备此处省略。

(2)3 动 3 拖(受电弓隔离型)

3 动 3 拖列车高压供电示意图(受电弓隔离型),如图 3.77 所示。

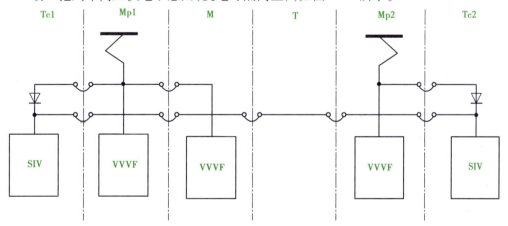

图 3.77　3 动 3 拖列车高压供电示意图(受电弓隔离型)

其中,Tc 车为带司机室拖车,Mp 车为带受电弓动车,M 车为不带受电弓动车,T 车为不带司机室拖车。双弓受电时,Mp1 车受电弓为 Mp1、M 车的 VVVF 和 Tc1 车的 SIV 供电;Mp2 车受电弓为 Mp2 车的 VVVF 和 Tc2 车的 SIV 供电。当 Mp1 车受电弓失电时,Mp1、M 车的 VVVF 失电,Mp2 车受电弓为 Mp2 车的 VVVF 和 Tc1、Tc2 车的 SIV 供电;当 Mp2 车受电弓失电时,Mp2 车的 VVVF 失电,Mp1 车受电弓为 Mp1、M 车的 VVVF 和 Tc1、Tc2 车的 SIV 供电。

车厢之间的高压母线(电缆)由连接器连接,Tc1、Tc2 车上的二极管起到了受电弓之间的高压隔离作用。列车高压供电中其他电气设备此处省略。

(3)4 动 2 拖(受电弓隔离型)

4 动 2 拖列车高压供电示意图(受电弓隔离型),如图 3.78 所示。

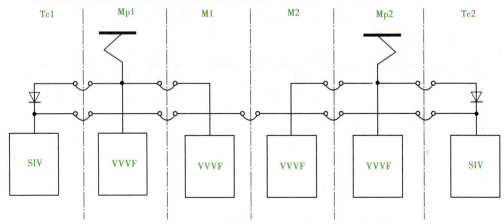

图 3.78　4 动 2 拖列车高压供电示意图(受电弓隔离型)

其中,Tc 车为带司机室拖车,Mp 车为带受电弓动车,M 车为不带受电弓动车。双弓受电时,Mp1 车受电弓为 Mp1、M1 车的 VVVF 和 Tc1 车的 SIV 供电;Mp2 车受电弓为 Mp2、M2 车的 VVVF 和 Tc2 车的 SIV 供电。当 Mp1 车受电弓失电时,Mp1、M1 车的 VVVF 失电,Mp2 车受电弓为 Mp2、M2 车的 VVVF 和 Tc1、Tc2 车的 SIV 供电;当 Mp2 车受电弓失电时,Mp2、M2 车的 VVVF 失电,Mp1 车受电弓为 Mp1、M1 车的 VVVF 和 Tc1、Tc2 车的 SIV 供电。

车厢之间的高压母线(电缆)由连接器连接,Tc1、Tc2 车上的二极管起到了受电弓之间的高压隔离作用。列车高压供电中其他电气设备此处省略。

(4)6 动 2 拖(受电弓隔离型)

6 动 2 拖列车高压供电示意图(受电弓隔离型),如图 3.79 所示。

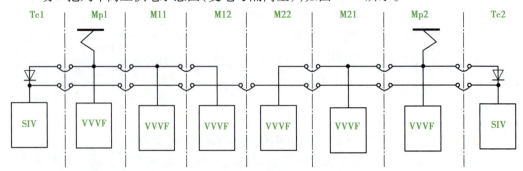

图 3.79　6 动 2 拖列车高压供电示意图(受电弓隔离型)

其中,Tc 车为带司机室拖车,Mp 车为带受电弓动车,M 车为不带受电弓动车。双弓受电时,Mp1 车受电弓为 Mp1、M11、M12 车的 VVVF 和 Tc1 车的 SIV 供电;Mp2 车受电弓为

Mp2、M21、M22 车的 VVVF 和 Tc2 车的 SIV 供电。当 Mp1 车受电弓失电时,Mp1、M11、M12 车的 VVVF 失电,Mp2 车受电弓为 Mp2、M21、M22 车的 VVVF 和 Tc1、Tc2 车的 SIV 供电;当 Mp2 车受电弓失电时,Mp2、M21、M22 车的 VVVF 失电,Mp1 车受电弓为 Mp1、M11、M12 车的 VVVF 和 Tc1、Tc2 车的 SIV 供电。

车厢之间的高压母线(电缆)由连接器连接,Tc1、Tc2 车上的二极管起到了受电弓之间的高压隔离作用。列车高压供电中其他电气设备此处省略。

(5)3 动 3 拖(受电弓引流型)

3 动 3 拖列车高压供电示意图(受电弓引流型),如图 3.80 所示。

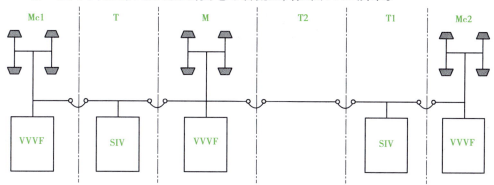

图 3.80　3 动 3 拖列车高压供电示意图(受电弓引流型)

其中,Mc 车为带司机室和受流器的动车,M 车为带受流器的动车,T 车为拖车。当 3 个动车的受流器都得电时,每个动车的受流器为本车的 VVVF 供电,SIV 则由距离较近的受流器供电。任意一个动车受流器失电后,另外两个动车的受流器将为全列车的 VVVF、SIV 供电。

整列车高压电传输仅由一根高压母线贯通,车厢之间的高压母线(电缆)由连接器连接。列车高压供电中其他电气设备此处省略。

3.3.12　牵引及辅助系统

列车牵引及辅助系统是列车的核心部分,其中牵引系统负责提供列车所需的牵引动力和电制动力,辅助系统负责给车上除动力外的其他负载供电。牵引及辅助系统具备自我监控、数据存储、故障诊断、自动保护及自复位功能。

1)牵引系统重要组成部分介绍

牵引系统又称牵引电传动系统,列车通过受电弓从接触网向牵引系统进行供电。一般牵引系统设备主要由牵引逆变器、高速断路器、滤波电抗器、制动电阻、电压传感器、电流传感器、牵引电机、隔离开关、司机室控制器等构成。

(1)牵引逆变器

牵引系统的核心部分是牵引逆变器,以下简称 VVVF。每节动车配备一台 VVVF,VVVF 通过母线连接到高压回路从而获取高压电源,通过 VVVF 逆变后对 4 台牵引电机提供用电。一般的 VVVF 内部包含充电电阻、放电电阻、制动斩波器、滤波电容器、门级逻辑装置、门级驱动装置、IGBT 等。

牵引逆变器一般都采用电压型逆变器,即在逆变器前面并一电容,保证给门极提供一恒定的电压。如图3.81和图3.82所示,门极驱动单元(GDU)直接与IGBT相连。牵引逻辑部的控制信号先转换为光信号后,使用光纤送入GDU,在GDU上进行光电转换并将信号放大驱动IGBT工作。同时将由GDU返回一个反馈信号(同样使用光电模式,是信号送入的逆过程)指示IGBT当前状态。GDU驱动IGBT门极的脉冲信号。正极电压打开,负极电压关闭。

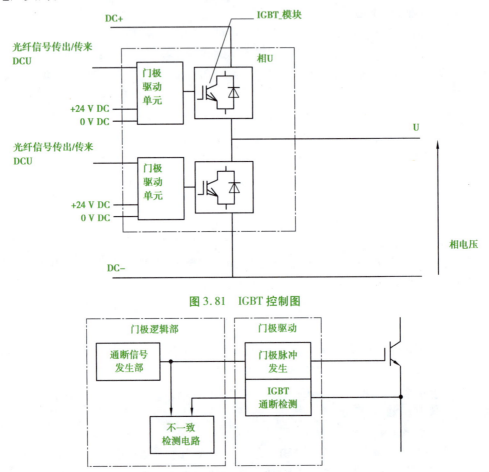

图3.81　IGBT控制图

图3.82　IGBT门极逻辑

（2）高速断路器

高速断路器(HSCB)是主回路上第一个保护设备,设计在每节动车的VVVF之前,当高速断路器上流过的电流超出设定值时,此时高速断路器会自动断开。高速断路器的分断非常迅速,一般主接触点动作时间:接通70～150 ms,断开8～15 ms。高速断路器在分断时,伴随拉弧现象,因此在主接触点上方设置了灭弧罩,有效防止拉弧现象的恶化。

（3）滤波电抗器

每台VVVF逆变器配备一个滤波电抗器。滤波电抗器由电抗器、电容器及其他高压器件组成。滤波电抗器的设计与高速断路器的分断能力协调一致,以保证当滤波电抗器突然接地时,不损坏任何其他设备。滤波电抗器的安装采用屏蔽板结构,减小磁通密度对客室的影响。

（4）制动电阻

每节动车均配备有制动电阻,制动电阻按照冷却方式可分为自然风冷和强迫风冷,按照安装的位置可分为车辆上悬挂的方式和地面安装的方式,按照制动电阻的投入情况又可分为一次性投入和分组交叉投入等。

电阻制动采用制动斩波器控制的形式,斩波器的开关元件采用IGBT。每台VVVF逆变器设置一套电阻制动装置。在电制动过程中,再生制动优先。随着再生吸收条件的变化,再生制动与电阻制动能连续调节,且平滑转换。

一般制动电阻的设计容量满足无再生条件,纯电阻制动下可以满足制动要求,且制动电阻有充分的温升裕度。在制动电阻斩波器中设有温度检测,制动电阻中根据计算预测设有温度检测保护,当制动电阻温度上升值大于设定标准值时制动电阻自动停止工作,同时给TCMS故障信息。电阻器上方采取隔热措施,其发热不对车下其他设备及车体产生任何不良影响。

（5）电压传感器、电流传感器

为对主回路电压、电流进行时时检测,发生异常能够及时进行保护,在主回路上关键部位安装了电流、电压传感器,负责检测接触网电压、滤波电容器电压、电机三相电流、制动电阻电流、主回路电流等。当检测到电压和电流值超出标准值时则会报出故障,从而触发相应保护动作。

（6）牵引电机

牵引电机是列车动力的执行部分,按照供电可分为直流牵引电机和交流牵引电机,交流牵引电机又分交流异步牵引电机和交流同步牵引电机。按照当前的发展趋势,城轨项目更多地采用了交流牵引电机作为列车的驱动装置,如图3.83所示。

图3.83　笼式三相交流异步牵引电机

交流电机一般都有可旋转部分和静止部分。可旋转部分称为转子,静止部分称为定子,在定子和转子之间存在着气隙。当三相异步电机接入三相交流电源(各相差120°电角度)时,三相定子绕组流过三相对称电流产生的三相磁动势(定子旋转磁动势)并产生旋转磁场,该磁场以同步转速沿定子和转子内圆空间作顺时针方向旋转。该旋转磁场与转子导体有相对切割运动,根据电磁感应原理,转子导体(转子绕组是闭合通路)产生感应电动势并产生感应电流(感应电动势的方向用右手定则判定)。根据电磁力定律,在感应电动势的作用下,转子导体中将产生与感应电动势方向基本一致的感生电流。载流的转子导体在定子产生的磁场中受到电磁力作用(力的方向用左手定则判定),电磁力对电机转子轴形成电磁转矩,驱动电机转子沿着旋转磁场方向旋转,当电动机轴上带机械负载时,便向外输出机械能。由于没有短路环部分的磁通比有短路环部分的磁通领先,因此电机转动方向与旋转磁场方向相同。

①定子。电机中固定的部分称为定子,在定子上面装设了成对的直流励磁的静止的主磁极,电动势充当旋转磁场,通电后产生电磁转矩进行能量转换。定子一般由铁芯、定子绕组、机座等组成,它是整个电机的支承部分,也是产生磁场的部分。

铁芯是电机的磁路部分,在铁芯内圆上开有槽,用以安装定子绕组。定子绕组是电机的电路部分,它由3个在空间相差120°电角度、结构相同的绕组连接而成,按一定规律嵌放在定子槽中,一般根据嵌入方式分为集中式绕组和分布式绕组两种。

②转子。又称电枢,一般由铁芯、转子绕组、转动轴承等组成,它是电机的转动部分,是用来产生感应电动势和电磁转矩的,从而实现机电能量转换的关键部分。

转子上有励磁绕组,在通入励磁电流后,由于转子在原动力的作用下旋转,则会产生交变的磁场,定子的三相绕组依次切割磁力线,就会感应出大小相等、相差120°电角度的交流电动势。

③气隙。气隙的大小对交流异步电动机的性能有很大的影响,气隙过大,则磁阻大,导致励磁电流(滞后的无功电流)越大,功率因数越低,而气隙过小,则会使机械装配困难,运行不可靠,高次谐波磁场增强,从而使附加损耗增加,电机启动性能变差。

为适应高速列车运行需要,交流异步牵引电动机大多采用全悬挂方式(或称架承式悬挂),这种悬挂方式的优点是电机的全部质量都在簧上,大大减少了冲击和振动对电机的影响。架承式电机又分为实心轴和空心轴两种传动方式。实心轴传动多用于中型牵引电动机,如德国西门子公司在地铁车辆上设计专用的球形万向联轴节,置于轴伸和小齿轮中间,以补偿运行中轮对和电机间相对垂直位移,避免电机承受弯矩和轴向力,延长轴承寿命。空心轴多用于电力机车用的大容量的牵引电动机,动轴两端采用齿形联轴节结构,便于拆装。

(7)司机室控制器

司机室控制器简称司控器,在地铁车辆上是一个非常重要的部件,从司控器控制手柄发出的牵引/制动指令,通过列车贯通线或列车总线将所需要的加/减速度传送至列车上的各牵引控制单元和制动控制单元,同时两系统再结合此刻列车的载质量最终计算出列车所需要的牵引力或制动力,从而保证列车能够准确按照我们的要求运行。当司控器出现故障后,此时司机就无法控制列车的运行或不能按照要求运行,轻则造成列车清客、下线,重则出现救援等。

按照司控器发送至TCMS(列车信息管理系统)的牵引/制动指令的数据类型可将司控器分为有级司控器和无级司控器两大类。有级司控器是通过控制手柄上的伞齿带动安装有凸轮的凸轮轴转动,最终控制与凸轮配合的各行程开关的开闭组合来实现司控器输出有级的牵引/制动指令(数字信号)。无级司控器是在其上装有电位器,根据控制手柄的不同位置,电位器输出不同的电压或电流值,从而实现司控器输出无级牵引/制动的指令(模拟信号)。

司控器主要包括司控器钥匙、方向手柄和主控手柄,同时为确保安全,三者互锁。司控器钥匙与方向手柄互锁,即只有司控器钥匙在闭合位时,此时方向手柄才可以动作,也只有方向手柄在中间位置,此时司控器钥匙才能转动。同时方向手柄与控制手柄互锁,即只有当方向手柄在非中间位(向前、向后)时,此时控制手柄才可以动作,也只有当控制手柄在零位时,此时方向手柄才能动作。

2)牵引系统常见故障介绍

(1)空转、滑行

一般情况下,车辆通过 VVVF 内部逻辑检测空转、滑行。牵引时,VVVF 检测转子旋转速度的上升率,当超过提前设定标准值时则会判断为列车发生空转;制动时,VVVF 检测转子旋转速度的下降率,当超过提前设定标准值时则会判断为列车发生滑行。检测到空转或滑行后会触发相应的保护。当列车发生空转、滑行后需认真检查轮对踏面的损伤情况,一般此类故障与轨面状况(涂油、结霜)的关系较大。

(2)制动电阻温度上升

关于此故障,当单个列车在正线进行试验或运行时,一般都报此故障,原因是当单个列车在正线进行制动时,优先使用再生制动,这时接触网电压抬高,但抬高的接触网电压没有其他列车使用,导致当接触网电压达到一定值后,此时此车制动时就开始投入电阻制动。这样和正常运营相比,制动电阻投入的时间明显加大,这样就容易出现制动电阻温度升高的情况。另外,制动电阻长期清洁不到位,导致油污、泥浆覆盖面积较大时,会降低制动电阻的散热性能,此时也容易出现制动电阻温度上升的情况。

(3)辅助系统介绍

辅助电源系统又称辅助系统供电网络,由列车 DC1 500 V 通过高压母线向列车辅助电源系统供电。辅助电源系统设备主要由蓄电池组、启动装置、辅助逆变器、整流装置、辅助隔离开关箱、辅助熔断器等构成。

辅助电源系统工作原理如图 3.84 所示,列车获取 DC1 500 V 高压,经直流滤波电路滤除线网的干扰谐波,再由辅助逆变器逆变成准正弦波和交流滤波器滤波后,使用工频变压器得到 3 相交流 380 V,同样,可根据列车使用不同的电压,再转换成 DC110 V 和 DC24 V 等电压种类需求,主要用于车辆空调、电热采暖、车辆照明、空气压缩机、各系统控制电路及所有的列车网络系统(TCMS)的控制电路、车载信号和通信设备等的电源。

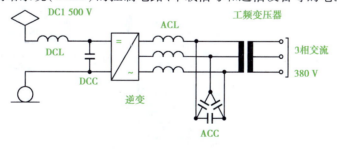

图 3.84 辅助电源系统工作原理示意图

辅助电源系统根据主电路的功能,可分为输入滤波电路(滤波电抗器 DCL 和滤波电容器 DCC),电容充、放电电路,辅助逆变电路,交流滤波电路(交流滤波电抗器 ACL 和交流滤波电容器 ACC),输出变压器电路(又称电气隔离电路),输出接触器,信号检测电路(电压/电流检测电路)。

①蓄电池组。列车蓄电池组的主要作用是为列车控制系统的初上电进行供电,激活列车。当辅助逆变器无法输出列车负载用电时,蓄电池也可以提供一定时间的紧急负载,确保列车部分通风、照明、客室车门系统的功能,在个别城轨项目上,蓄电池组可维持列车动力在短时间内继续运行。

蓄电池组是由多个单体蓄电池串联组成,通常根据电解质的不同将蓄电池分为酸性蓄电池和碱性蓄电池。常见的蓄电池有铅酸蓄电池、镍镉蓄电池、铁镍蓄电池、锌镍蓄电池、金属氧化物镍蓄电池等。目前用于铁路机车和地铁项目的主要是铅酸蓄电池和镍镉蓄电池两种,见表3.15。

表3.15 铅酸蓄电池和镍镉蓄电池对比

项 目	铅酸蓄电池	镍镉蓄电池
标称电压(额定电压)	2.0 V	2.2 V
浮充电压	2.25~2.29 V	1.40~1.45 V
放电终止电压	1.75 V	1.0 V
质量	约15 kg	约6.6 kg
使用寿命	8年	25年
维护周期	6个月	12个月
成本	低	高

从表3.13可以看出,需要在同等的电压等级情况下,采用铅酸蓄电池成本较低,单体较少,但镍镉蓄电池在维护周期、使用寿命有比较明显的优势。

图3.85为一种镍镉蓄电池,单体的结构分别由加液塞、正极柱、负极柱、外壳、盖板、

FNC®单体电池
1 正极柱
2 负极柱
3 单体外壳
4 盖板
5 加液塞
6 端柱螺母
7 端柱
8 负极组
9 正极组
10 带隔膜的纤维结构正极板
11 极耳
12 纤维结构负极板
13 隔膜

图3.85 FNC镍镉蓄电池

正极耳、负极耳、正极板、负极板组成。简单地说,蓄电池就是充电后将电能转化为化学能,需要放电时将化学能转化为电能,通过可逆的化学反应实现电能与化学能转换的储能设备。

纤维式镍镉蓄电池充电后,正极板的活性物质是纤维状氢氧化镍($NiOOH$),负极板的活性物质是纤维状金属镉(Cd);放电后,正极板上的活性物质变成纤维状氢氧化亚镍 $Ni(OH)_2$,负极板上的活性物质变成纤维状氢氧化镉 $Cd(OH)_2$。化学反应方程式如下:

$$2NiOOH + Cd + 2H_2O \underset{充电}{\overset{放电}{\longrightarrow}} 2Ni(OH)_2 + Cd(OH)_2$$

放电时,负极反应负极上的镉失去两个电子后变成二价镉离子 Cd^{2+},然后立即与溶液中的两个氢氧根离子 OH^- 结合生成氢氧化镉 $Cd(OH)_2$,沉积到负极板上。正极反应正极板上的活性物质是氢氧化镍($NiOOH$)晶体。镍为正三价离子(Ni^{3+}),晶格中每两个镍离子可从外电路获得负极转移出的两个电子,生成两个二价离子 $2Ni^{2+}$。与此同时,溶液中每两个水分子电离出的两个氢离子进入正极板,与晶格上的两个氧负离子结合,生成两个氢氧根离子,然后与晶格上原有的两个氢氧根离子一起,与两个二价镍离子生成两个氢氧化亚镍晶体。

充电时,将蓄电池的正、负极分别与充电机的正极和负极相连,电池内部发生与放电时完全相反的电化学反应,即负极发生还原反应,正极发生氧化反应。负极反应充电时负极板上的氢氧化镉,先电离成镉离子和氢氧根离子,然后镉离子从外电路获得电子,生成镉原子附着在极板上,而氢氧根离子进入溶液参与正极反应。正极反应在外电源的作用下,正极板上的氢氧化亚镍晶格中,两个二价镍离子各失去一个电子生成三价镍离子,同时,晶格中两个氢氧根离子各释放出一个氢离子,将氧负离子留在晶格上,释出的氢离子与溶液中的氢氧根离子结合,生成水分子。然后,两个三价镍离子与两个氧负离子和剩下的两个氢氧根离子结合,生成两个氢氧化镍晶体。

②启动装置:主要对辅助逆变器的输入电源进行开关控制,同时对输入电源起到滤波的作用,一般还会带有对辅助逆变器进行放电的放电电阻及接触器。

③辅助逆变器:主要作用是将从接触网接收的高压电进行逆变后输出 380 V 的三相交流电,向全列车辅助系统的负载提供电源。与牵引逆变器相同,辅助逆变器同样有自己的逻辑部,主要元件也采用的是 IGBT。

④整流装置:每台辅助逆变器后配备一台整流装置,其内部主要由变压器和整流回路构成。主要把辅助逆变器输出的低压、大电流的三相电源整定为所需的工频 AC380 V、DC110 V、DC24 V 辅助电源,另外,整流装置输出的 DC110 V 电也用于对蓄电池组进行浮充电。

⑤辅助隔离开关箱:主要用以在维修时将系统与高压输入进行隔离。同时,辅助隔离开关箱内设有 DC1500 V 的车间电源插头,可以通过连接车间电源以代替受电弓向整列车辅助系统供电。车间电源供电与受电弓供电之间有联锁,以保证整列车在任何时候只有一种高压供电,并且当车间电源供电时牵引系统不能得电。主要由断路器和外部电源输入插座构成。

⑥辅助熔断器。当辅助逆变器从接触网受电过流时,辅助熔断器对辅助系统起限流保护的作用;当电流超过限制电流值的过大电流时,辅助熔断器的元件熔断。

3)辅助系统常见故障介绍

（1）逆变器过电流

辅助逆变器在工作状态时,逻辑控制单元会实时检测逆变器的输出电流值,当检测值超过设定标准时,会报出逆变器过电流故障,发生故障后系统会自动断开从而保护主电路不被损坏。

常见的导致逆变器过电流原因有以下几个方面:

①逆变器中的 IGBT 功率元件损坏。

②电磁接触器保持电压和释放电压不达标。

③电流传感器故障导致误检测。

④逻辑控制单元板卡故障导致误检测或误报故障。

（2）蓄电池电解液损失过快

蓄电池电解液的检查周期一般在 3 个月或以上,检查时若发现单个或多个蓄电池单体电解液不足时应提高重视。

一般导致电解液损失过快的原因有以下几个方面:

①蓄电池漏液。此时要检查单体蓄电池的壳体是否有裂纹,外表面是否有爬茧现象,加液口是否有弹开或破损。

②蓄电池正负极装反。检查液面降低的蓄电池以及相邻的两块蓄电池的正负极是否接反,如有接反的则不能再使用,需更换新的单体。

③蓄电池容量不足。检查蓄电池的容量需要对蓄电池组下车进行充放电试验,在试验过程中如有单体充电过程或放电过程较快,达不到容量标准时,则也要进行报废处理,更换新的蓄电池单体。

3.3.13　列车自动控制系统

1)车载信号的基本功能

城市轨道交通信号系统是城市轨道交通的主要技术装备,负责控制列车运行、保证行车安全、提高运营效率等。它是城市轨道交通系统的重要组成部分。城市轨道交通系统的安全、速度、运载能力和效率均与信号系统密切相关,以速度控制为基础的列车自动控制系统已成为城市轨道交通信号系统的事实选择。信号系统实际上已成为城市轨道交通调度指挥和运营管理的核心组成部分。对城市轨道交通系统安全可靠运营起着无可替代的作用。

城市轨道交通信号系统通常由列车运行自动控制系统 ATC 和场/段信号控制系统两大部分组成,用于列车进路控制、列车行车间隔控制、调度指挥、设备工况检测、信息及维护管理,构成一个综合且高效的自动化控制系统。系统需设置行车控制中心,区域性连锁分区,车载控制设备等。控制中心与车站通过有线数据通信的方式进行连接,控制中心与列车之间通常采用无线通信方式进行信息交换。ATC 系统直接与列车运行有关,因此,ATC 系统中的数据传输要求相比一般通信系统而言,对安全性、可靠性、实时性的要求更高。

（1）列车自动控制系统

列车自动控制系统（Automatic Train Control，ATC）包含列车自动监控（Automatic Train Supervision，ATS）、列车自动防护（Automatic Train Protection，ATP）及列车自动运行（Automatic Train Operation，ATO）3个子系统。

①ATS子系统：主要实现对列车运行及所控制的道岔、信号等设备运行状态的监督和控制，对全线列车进行状态显示，辅助调度人员对全线列车进行管理，其功能包括区段内列车运行情况的集中监视与控制，进路控制监测、列车间隔控制设备的工作，按行车计划自动控制轨旁信号设备以接发列车，列车运行实迹的自动记录，时刻表自动生成、显示、修改和优化，运行数据统计及报表自动生成，设备运行状态监测，设备状态及调度员操作记录，运输计划管理等。

②ATP子系统：对列车运行进行超速自动防护，实现列车运行位置检测，保证行车的安全间隔，保证列车在安全速度下运行，完成信号显示、故障报警、降级提示、列车参数和线路参数的输入，与ATS、ATO及车辆系统接口进行信息交换。

ATP子系统不断将从地面获得的前方列车位置及线路信息、前方目标点的距离和允许速度信息通过轨旁设备传至车上，由车载设备计算得到当前所允许的速度，或由控制中心计算出目标速度传至车上，由车载设备测得实际运行速度，依次来对列车速度实行监督，使之始终在安全速度下运行，以缩短列车运行间隔，保证行车安全。

③ATO子系统：主要实现"地对车控制"，即用地面信息实现对列车牵引、制动的控制，包括列车自动折返，根据既定时刻表使列车按最优工况运行，自动完成对列车的牵引、惰行和制动，传送车门和屏蔽门联动的开关门信号。

使用ATO后，可使列车时常处于最佳运行状态，优化牵引及制动曲线，避免剧烈的启动、加速和减速，因此，通过ATO可以显著提高列车运行品质，保证列车的正点率、减少能耗和轮轨及闸瓦的磨损。

ATO子系统包括车载ATO单元和轨旁设备两部分。轨旁设备有车地通信设备以及与ATP、联锁系统的接口设备。

（2）城市轨道交通信号系统的功能及其实现

城市轨道交通信号系统主要包括联锁、闭塞、列车控制和调度指挥4个方面，由ATC系统和车辆段联锁设备组成。

①联锁及其实现。联锁是车站范围内进路、信号、道岔之间互相制约的关系，它们之间必须建立严密的联锁关系，才能确保行车安全。

联锁的基本内容如下：

a.进路上各道岔位置必须正确且被锁闭，进路空闲，敌对进路未建立且被锁闭在未建立状态，防护该进路的信号机才能开放。

b.信号机开放后，它们防护的进路上各道岔不能转换，与该进路敌对的所有进路不能建立。

联锁由联锁设备完成，目前均采用电气的方法实现集中联锁，对信号机和转辙机进行远距离自动控制。联锁设备现主要采用计算机逻辑判断的方法完成，此方式称为计算机联锁。早期的城市轨道交通，曾采用过继电逻辑电路进行联锁，这种方式称为继电联锁。

②闭塞及其实现。两站之间的线路称为区间，为了确保列车在区间内的安全运行，列

车由车站向区间发车时,必须确认区间内没有列车,并要遵循一定的规范组织行车,以免造成列车正面冲突或者追尾等事故。通常区间分为若干个闭塞分区。列车在区间运行,必须在运行前方闭塞分区空闲的情况下,而且必须杜绝其对向和同向同时有列车运行的可能。这种为确保列车在区间运行安全而采取一定措施的方法称为行车闭塞法,简称闭塞。用以实现闭塞作用的设备称为闭塞设备。在双线单方向运行时,闭塞作用主要是保证列车之间的安全间隔。

在城市轨道交通中,闭塞作用均由列车运行自动完成,故为自动闭塞,由于采用了ATC系统,各个闭塞分区均可不设通过信号机,而由车载ATP系统予以显示。闭塞作用由ATP系统完成。

常用的闭塞法包括电话闭塞法、站间自动闭塞法、进路闭塞法、超速防护自动闭塞法。其中超速防护自动闭塞法又可分为固定式超速防护自动闭塞、准移动闭塞式超速防护自动闭塞和移动闭塞式超速防护自动闭塞。

固定式超速防护自动闭塞简称为固定闭塞,该闭塞方式是以固定的区段为单位的,系统只知道列车在哪个区段中,并不知道在区段中的具体位置。前、后列车的位置间距都是用固定的地面设备(如轨道电路)来检测的。其控制模式是分级的,为阶梯式的。

固定闭塞通过轨道电路判别闭塞分区占用情况,并传输信息码,需要大量的轨旁设备,维护工作量较大。同时,轨道电路工作稳定性易受环境影响;轨道电路传输信息量小;分区较长,且一个分区只能被一列车占用,不利于缩短列车运行间隔,无法满足提高系统能力等缺点。

准移动闭塞式超速防护自动闭塞简称准移动闭塞或半固定闭塞,此种闭塞方式对前、后列车的定位方式是不同的。前行列车的定位仍沿用固定闭塞的方式,而后续列车的定位则采用连续的或称为移动的方式。目标距离控制模式根据目标距离、目标速度及列车本身的性能确定列车制动曲线,不设定每个闭塞分区速度等级,它的速度控制模式,既是连续的又是分级的。

为了使后续列车能够根据自身实时测定的位置,计算其最大允许速度,必须用报文向其提供前方线路的各种参数以及前行列车处在哪个区段上的信息。所以从信息传输的角度来说,设有地对车单向安全数据通信是准移动闭塞的基本技术特征。

移动闭塞式超速防护自动闭塞简称移动闭塞,此种闭塞方式的特点是前、后两列车都采用移动式的定位方式。

而基于通信的列车控制(Communications Based Train Control,CBTC)则是实现这种闭塞方式的最佳技术手段。采用这种方法后,当列车和地面一开始通信,地面就能得知所有列车的位置,而且车载设备和轨旁设备的安装也相对较容易;另外,这种系统可以大大减小列车的运行间隔。因此,移动闭塞的使用可以使线路的运输能力大大提高。移动闭塞早期是通过借助感应环线的方式实现,目前都采用通过无线通信的方式实现。

CBTC克服了固定闭塞的缺点,此方式实现了车地间双向、大容量的数据交换,真正意义上实现了列车运行的闭环控制。CBTC可以根据列车的实际速度和相对速度来调整闭塞分区的长度,尽可能地缩小列车运行间隔,提高行车效率。

③列车控制及其实现。列车控制包括列车进路控制和列车速度控制。列车进路控制由联锁设备实现,列车速度控制由ATC系统实现,ATC系统分为ATP和ATO两个技术

层面。

ATP 即列车运行超速防护或列车速度监督系统,其主要功能是对列车运行进行超速防护,保证列车间的安全间隔,保证列车在安全速度下运行。ATP 子系统不断将来自联锁设备和操作层面上的信息、线路信息、前方目标点的距离和允许速度信息等从地面通过轨道电路,或感应环线,或无线等传至车上,由车载设备计算得到当前所允许的速度,或由控制中心计算出目标速度传至车上,由车载设备测得实际运行速度。当列车速度超过 ATP 装置所指示的速度时,ATP 的车上设备就发出制动命令,使列车自动地制动。

ATO 即列车自动运行,它不仅对列车进行制动控制,而且对列车进行驱动控制,使列车经常处于最佳运行状态。

此外,检测列车停车位置、停车点防护、临时限速、自动折返、车门控制、记录司机操作等也由 ATP/ATO 系统实现。

2)列车自动驾驶基本知识

(1)ATO 的基本概念

ATO 子系统主要用于实现"地对车控制",即用地面信息实现对列车驱动、制动的控制,包括列车自动折返,根据控制中心指令自动完成对列车的启动、牵引、惰行和制动,送出车门和屏蔽门开关信号,使列车以最佳工况安全、正点、平稳地运行。

ATO 系统实现列车自动驾驶,需要 ATP 和 ATS 提供支持。ATP 向 ATO 提供列车运行的速度、线路允许速度、目标速度和目标距离,以及列车当前所处位置等基本信息;ATS 向 ATO 提供列车运行作业和计划。

ATO 系统采用的基本功能模块与 ATP 系统相同。和 ATP 系统一样,ATO 也载有有关轨道布置和坡度的所有资料,以便能优化列车控制指令。ATO 还装有一个双向的通信系统,使列车能够直接与车站内的 ATS 系统接口,保证实现最佳的运行图控制。

当列车处在自动驾驶模式下,车载 ATO 运用牵引和制动控制,实现列车自动运行。

ATO 为非故障-安全系统,其控制列车自动运行,主要目的是模拟最佳司机的驾驶,实现正常情况下高质量的自动驾驶。

(2)ATO 设备的组成

各个厂商的 ATO 设备系统结构不尽相同,但大体都是由轨旁和车载设备两部分构成。

①ATO 轨旁设备。设置在地面,用以接收与列车自动运行有关的信息。地面信息接收发送设备和轨道环线都属于 ATO 轨旁设备。这些轨旁设备,如应答器、轨道电路能够接收来自列车 ATO 车载天线发送的信息,也能把 ATS 有关信息通过轨道环线或其他轨旁设备发送到列车上,由列车 ATO 车载设备进行接收和处理。

②ATO 车载设备。该设备由设在列车每一端司机室内的 ATO 车载控制器(包括司机控制台)及安装在列车每一端司机室车体下的两个 ATO 接收天线和两个 ATO 发送天线组成,还包括 ATO 附件,这些附件用于速度测量、定位和司机接口。ATO 车载设备通常和 ATP 车载设备安装在一个机架内。ATO 车载控制器是 ATO 系统的核心组成部分,它从 ATP 车载设备获得必要的信息,如列车运行速度和列车位置信息等,进行实时处理,计算出列车当前所需的牵引力和制动力,向列车发出请求,列车牵引或制动系统收到请求指令后,对列车施加牵引或制动,使列车得到实时控制。

ATO 车载天线一般安装在列车第一列编组车体下,接收由地面 ATS 传输的信息,同时向地面 ATS 发送有关的列车状态信息。这些信息一般包括列车识别信息、列车运行信息、列车车门状态信息、车轮磨耗信息、车载 ATO 状态和报警信息等。

司机接口即为列车司机通过人机界面可以选择列车运行模式,操纵列车在相应模式下运行。

ATO 子系统由车载设备和轨旁设备组成。ATO 子系统与 ATP 子系统共用车载硬件设备,并没有独立的设备。ATO 子系统的软件安装在与车载 ATP 子系统共用的车载计算机中,但使用独立的 CPU。

车载 ATO 设备为主备冗余,当主 ATO 单元发生故障时,自动从 ATO 单元切换到备用 ATO。主 ATO 和备用 ATO 单元运行同样的软件,得到相同的传感器输入和独立计算,但是在一个时间,只有一个 ATO 单元是主 ATO,与其他子系统接口,如 ATP、车辆、TOD 和 ATS 等。而备用 ATO 不提供任何输出。

ATO 具有一个双向通信系统,通过车载 ATO 天线和地面 ATO 环线允许列车直接与车站内的 ATS 连接,可以实现最佳的运营控制,完成下列 ATO 功能:程序停车、运行图和时刻表调整、轨旁/列车数据交换、目的地和进路控制功能。

ATO 还具有定位停车系统,为列车提供精确的位置信息,包括车底部的标志线圈和对位天线,以及每个车站的车站停车模块和沿每个站台设置的一组地面标志线圈。

ATO 的功能不考虑故障—安全,因此 ATO 车载单元是非故障—安全的系统。

3)ATO 系统的主要功能

ATO 系统分为基本控制功能和服务功能。基本控制功能是自动驾驶、自动折返、车门打开。这 3 个控制功能相互之间独立运行。服务功能包括列车位置、允许速度、巡航/惰行等。

(1)ATO 系统基本控制功能

①自动驾驶。

A. 自动调整列车运行速度。ATO 车载控制器通过比较实际列车运行速度及 ATP 给出的最大允许速度及目标速度,并根据线路的情况,自动控制列车的牵引及制动,使列车在区间内的每个区段始终控制速度运行,并尽可能地减少牵引、惰行和制动之间的转换。

B. 停车点的目标制动。车站停车点作为目标点,车站停车点由 ATP 轨旁单元和 ATS 系统控制。当停车特征被启动后,ATO 系统基于列车速度、预先决定的制动率和距停止点的距离计算出一个制动曲线,采用最合适的减速度使列车准确、平稳地停在规定的停车点。与列车定位系统相配合,可使停车位置的误差达到 0.5 m 以下。

假如列车超过了停车点,ATP 准许后退一定距离。如果超过后退速度限制值,向列车司机发出声音和视觉报警进而自动施加紧急制动。

C. 从车站自动发车。当发车安全条件符合时,ATO 系统给出启动显示,司机按下发车按钮,ATO 系统使列车从制动停车状态转为牵引状态。保持制动将被缓解,然后列车加速。ATO 通过预设的数据提供牵引控制,使列车平稳加速。

停站时间由 ATS 控制,并传送给 ATP。另外,基于车站和方向的停车时间也储存在 ATP 轨旁单元中,用作 ATS 故障下的后备程序。

D. 区间内临时停车。由 ATP 系统给出目标点位置及制动曲线,并将数据传送给 ATO 系统车载单元,ATO 系统得到目标速度为“0”的速度信息后自动启动列车制动,使列车停稳在目标点前方一定的距离内。此时车门还是由 ATP 系统锁住。一旦运行前方停车目标点取消,具有了速度信息,ATO 系统使列车自动启动。假如,此时车门意外打开,或是司控手柄被移动。那么,列车必须由司机重新启动。

在紧急情况下,如按下紧急停车按钮。或是因常用制动故障使列车超过紧急制动曲线,由 ATP 启动紧急制动,ATO 会向司机发出视觉和听觉报警。

②无人自动折返。一种特殊情况下的驾驶模式,在这种驾驶模式下无须司机控制,自动完成折返过程。

从接收到无人驾驶折返运行许可时,就自动进入自动折返模式,同时司机按下站台自动折返按钮以后,才实施无人驾驶列车折返运行。ATC 轨旁设备提供所需的数据以驾驶列车进入折返线。列车将自动折返至出发站台。列车一到出发站台停稳,就会推出自动折返模式。

③自动控制车门开闭。由 ATP 系统监督开门条件,当 ATP 系统给出开门命令时,可以按事先的设定由 ATO 系统自动打开车门,也可由司机手动打开车门。车门的关闭可以自动也可以通过司机手动关闭。

(2)ATO 系统的基本要求

①根据线路条件、道岔状态、前方列车位置等,实现列车速度自动控制。列车在区间停车后,在允许信号的条件下列车自动启动。车站发车时,列车启动由司机控制。

②ATO 应能提供多种区间运行模式,满足不同行车间隔的运行要求,适应列车运行调整的需要;司机手动驾驶及由 ATO 系统驾驶之间可在任何时候转换;手动驾驶时由 ATP 系统负责安全速度监督,自动驾驶时由 ATO 系统给出对牵引、制动系统的命令,ATP 仍然负责速度监督。

③ATO 定点停车精度应根据站台计算长度、列车性能和屏蔽门的设置等因素选定。站台定点停车精度宜在 ±0.25 ~ ±0.50 m 选择。

④ATO 控制过程应满足舒适度和快捷性的要求。舒适度的要求主要是牵引、惰行和启动控制以及各种工况之间的转换过程的加、减速度的变化率。快捷性主要是指控制过程时间宜短,以减少对站间运行时分的影响和提供运行质量。

复习思考题

1. 简述阀门的作用。

2. 车辆总体包含哪些系统?

3. 车辆内装一般包含哪几部分?

4. 城市轨道转向架与一般客运铁路转向架相比有哪些特点?

5. 转向架如何传递牵引力和制动力?

6. 一系、二系弹簧作用有哪些异同点?

7. 轨道交通车钩缓冲装置的类型有哪些?

8. 全自动车钩由哪几部分组成?

9. 贯通道主要由哪几部分组成?

10. 贯通道的作用是什么?

11. 简述客室车门的主要组成部分。

12. 如何调整门扇 V 形?

13. 如何检测开关的故障现象?

14. 简述 EP2002 阀的功能。

15. 简述紧急制动的原理。

16. 简述 MVB 的设备分类。

17. TCMS 的故障等级有哪些?

18. 简述地铁车辆空调系统的基本组成与工作原理。

19. 通风机发生故障时,空调系统还会制冷吗?

20. 当 $T = 24\ ℃$，$t = 19\ ℃$，空调置于自动位时,系统此时处于什么工况?

21. 什么是列车高压供电系统?

22. 一般牵引系统设备有哪些?

23. 逆变器过电流原因有哪些?

24. 列车自动控制系统包括哪几个子系统?

25. 简述 ATO 系统的主要功能。

参考文献

［1］康元博,孙静.城市轨道交通信号基础［M］.成都:西南交通大学出版社,2018.

［2］邢红霞,李乐.城市轨道交通信号系统［M］.重庆:重庆大学出版社,2013.

［3］杜德昌.维修电工工艺与技能训练［M］.北京:高等教育出版社,2008.